户外遇险“说”生存

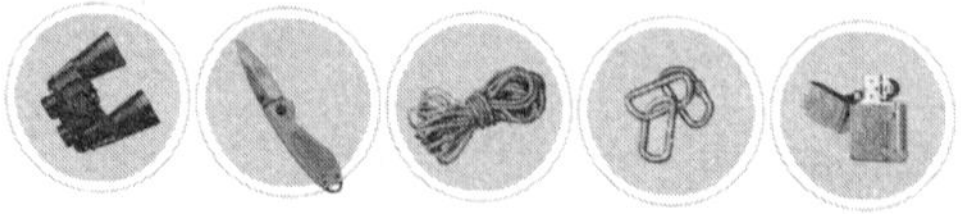

李澍晔　唐长钟　刘燕华　著

中国经济出版社
CHINA ECONOMIC PUBLISHING HOUSE
·北京·

图书在版编目（CIP）数据

户外遇险"说"生存 / 李澍晔，唐长钟，刘燕华著. --北京：中国经济出版社，2021.1

ISBN 978-7-5136-6379-3

Ⅰ. ①户… Ⅱ. ①李… ②唐… ③刘… Ⅲ. ①野外-生存-基本知识 Ⅳ. ①G895

中国版本图书馆 CIP 数据核字（2020）第 198298 号

责任编辑　陈　瑞
责任印制　马小宾
封面设计　任燕飞装帧设计工作室

出版发行　中国经济出版社
印 刷 者　北京富泰印刷有限责任公司
经 销 者　各地新华书店
开　　本　880mm×1230mm　1/32
印　　张　7.625
字　　数　151 千字
版　　次　2021 年 1 月第 1 版
印　　次　2021 年 1 月第 1 次
定　　价　49.00 元
广告经营许可证　京西工商广字第 8179 号

中国经济出版社 **网址** www.economyph.com **社址** 北京市东城区安定门外大街 58 号 **邮编** 100011
本版图书如存在印装质量问题，请与本社销售中心联系调换（联系电话：010-57512564）

前言

随着人们生活水平的提高，走出去已经成为人们生活的一部分。走出去，往哪里走，城市还是荒野？归纳起来不外乎是古都城镇、名山大川、草原丛林、江河湖海泉、奇石幽洞、石窟造像、古建宫寝、园林庙宇、古代战场等。无论去哪里，游览之时，一旦遇到危险，如迷失方向、断粮断水、伤病侵扰、猛兽毒虫攻击、高寒高热、瘴气沼泽、坠入古墓洞穴、火险天灾水患、寂寞与恐怖，你知道怎么应对、怎样生存下去吗？

假如你平时不掌握危险求生的技能，那么你的旅游可能就是一场灾难，甚至是无法挽回的灾难，值得人们警醒。因为野外遇险不相信你的“眼泪”和无奈的哭嚎。

因此，当你决定走出去之前，务必要做好生存的功课，学习并掌握以前学不到的各种野外生存知识与技能，为自己的平安、快乐旅游保驾护航。

客观地讲，只要走出家门远足，就会有危险悄悄地伴随，危险往往没有规律性，大多是不请自来、不期而遇的，很多时候令人措手不及。

大自然哺育了人类，数万年前的人类先祖就是从沙漠、森林、大山、海洋里走出来的。先祖们通过艰辛劳动和无数次的经验与教训，摸透了大自然的“危险”，具备了与大自然斗争的本领与技能。这种原始的技能已经一代代地融入了我们的血液里，让我们踏着先祖的足迹，借助现代科学知识，充分发挥聪明才智，化险为夷，游目骋怀，尽情地领略大自然之美吧！

李尉晔　唐长钟　刘燕华

2020年6月16日

目录

一、 山区遇险的生存技能

四、 高原遇险的生存技能

一、山区遇险的生存技能

1. 了解山区的特点，评估危险等级

走进名山

打开中华人民共和国地图，不难发现我国是一个多山的国家，山地高原面积广阔，占总国土面积的2/3左右，可以说名山奇峰数不胜数，令人无限向往。

著名的山脉有喜马拉雅山、昆仑山、大雪山、横断山、天山、冈底斯山、唐古拉山、可可西里山、阿尔金山、祁连山、阿尔泰山、台湾山、秦岭、太行山、阴山、南岭、大兴安岭。

著名的五岳是泰山、华山、衡山、恒山、嵩山。

著名的四大佛教名山是五台山、峨眉山、九华山、普陀山。

著名的四大道教名山是龙虎山、青城山、武当山、崂山。

享誉天下的俊美之山当属黄山、庐山、雁荡山、武夷山。

此外，我国还有极具特色、闻名遐迩的名山，如吕梁山、燕山、大青山、桐柏山、玉龙雪山、六盘山、虎山、棋盘山，河南信阳的鸡公山、南阳的卧龙岗，浙江的莫干山，台湾的阿

里山，浙江的天台山、天目山，广东的西樵山、罗浮山、白云山，四川的缙云山、凌云山、乌龙山、四姑娘山、宝顶山、北山，湖南的九嶷山、岳麓山，安徽的天柱山、琅琊山，北京的香山，天津蓟县的盘山，辽宁鞍山的千山，山东济南的千佛山，福建福州的鼓山，江苏南京的栖霞山，江苏连云港的云台山、镇江的金山、焦山、北固山，广西柳州的鱼峰山，湖北当阳的玉泉山、襄樊的隆中山，江西的石钟山、井冈山，新疆的麦积山，甘肃的积石山，云南剑川的石宝山，陕西延安的宝塔山，河北唐山的凤凰山等，不计其数，各有千秋。

气候特点

我国的山区地貌呈多样性，分布地域广阔，纵横交错，连绵不断，高低起伏巨大，实属罕见，所以会有独特的气候特点，也就是民间常说的“隔山不同貌，十里不同天”“白日披纱吃瓜，夜里裘皮烤火”“午时一头汗，亥时霜满身”“一日有四季，东西南北各不同”的气候特点。

地区性差异大，气候复杂，变化无常

山区的气候主要是因为地形的影响，地区性差别比较大。西北部山区气候干燥寒冷，多大风、风沙，有的山区常年结冰雪存冰；东南部山区气候温和湿润，降水多。

自然灾害频发，危险随时发生

山区降雨（雪）量比较大，局部山区容易造成山洪暴发。

冬季，西北部山区降雪大，分布也不均匀，冰山雪海，容易发生意外。

山区的雷暴也比较多，通常集中在夏季与秋季，雷暴到来时，令人防不胜防，杀伤力极强。

山体滑坡、泥石流是山区的一大害，其来势凶猛，破坏力极大，每年平均发生几十万起，严重时泥沙俱下，乱石滚滚，顷刻之间即可削掉半个山头。

滚石多发，随时随地，有时一阵风、一只兔子就可能导致大小不等的石头从山顶滚落下来。

气流紊乱，风向多变

山区的气流十分紊乱，少有规律性。一般情况下，山区的风速随高度的增加而增加，高山山顶夜间风速大，而山谷白天风速大。山地还经常形成旋风、疾风团、沙尘暴等。

雨、雪、大风天气，行动困难

山区因受地形限制，多数道路路面狭窄，坑洼不平，曲半径较小，坡度较陡，盘旋道路、急转弯与直上直下道路并存，遇到雨、雪、大风天气，步行、骑自行车、开机动车、骑马都十分困难，危险指数极高。

评估危险等级

（1）安全出行级别。气象预报连续 7 天比较平稳，没有异常变化；连续 1 个月没有发生重大自然灾害，山区地质结构没有改变与破坏；有人员、动物存在或正常的活动迹象；没有疫情发生，没有放射性污染情况通报，水源、食物安全，没有异常；没有凶猛野兽出没，没有关于野兽伤人的预警通报；没有军事演习及其他工程建设；没有重大刑事案件；没有恐怖事件发生等。

（2）轻度危险级别。气象预报天气变化大，雨、雪、风、气温异常，但是在人们能承受的范围之内；自然灾害发生的频率慢、强度低，只要认真计划安排、有预案，对人的安全就不会构成威胁；疫情属于地方流行的常见、季节病等，可以预先采取预防措施，不会对生命健康构成危害；水源与食物，经过加工、消毒、处理，可以安全食用；有大型动物出没，但是只要防范措施得力，不会构成被侵害的目标；军事演习与工程建设进行中，但是不戒严、不限行、不扣留，不会影响整体出行安排；有一般性的刑事案件，没有恐怖事件发生。

（3）重度危险级别。气象预报天气变化异常，雨、雪、风、气温来袭，不在人们承受的范围之内；自然灾害发生剧烈、强度大、损坏面广，对人的安全直接构成严重威胁；疫情与季节病严重流行，对进入该山区的人们的生命健康构成危害；水源与食物污染严重，不能安全食用；有大型凶猛动物出没，人们已经成被侵害的目标；有严重的刑事案件发生，持续不断发生着恐怖事件；军事演习与工程建设进行中，属于保密级别，严重影响出行安排。

遇险提示

山区的美好风光与危险并存，只要进入山区活动，无论什么情况，都要提高警惕，提前做好安全的功课，临危不乱，遇险不惊，坚持生命安全第一的原则。

2. 野残长城

事件发生

暑假的一天，喜欢爬长城的小马一大早就骑车出发了。他来到河北北部山区的一段野残长城，看见野残长城四周长满了杂草、野花，也没有认真勘察野长城周围的情况，兴高采烈地顺着残破的城墙边沿往上爬，一边爬、一边自拍。前面城墙倒塌的垛口歪歪扭扭的，几乎坍塌了一大半，他没有认真观察，继续顺着城墙的墙基往上走，突然脚下的城砖一滑动，歪歪扭扭的垛口瞬时倾斜下来，他躲闪不及，被散碎的墙砖砸伤，拼命挣脱、喊叫，全身2处骨折，流血不止，命悬一线。幸亏被一名放羊的农民发现，艰难地营救他下山，虽然保住了性命，但是落下了终身残疾。

生存技能

（1）认真做功课，对长城心中有数。山区的地形复杂，在河北、北京、天津、山西、陕西、内蒙古、甘肃、黑龙江、吉林、辽宁、山东、河南、青海、宁夏、新疆等15个省、市、自治区的山里都能见到雄伟的长城的影子，资料显示，明长城总长度为8851.8千米，秦汉及早期长城的长度超过10000千米，中国历代长城总长度为21196.18千米。

（2）预知野残长城的危险，不冒险。长城修建在高低起伏、蜿蜒崎岖的山脊上，由于年代久远，很多地段的长城损毁严重，无人管护。有的残长城倒塌严重，地基凹陷；有的长城垛口歪七扭八，摇摇欲坠；有的长城整个墙体倾斜，稍微用点外力，就容易倒塌；有的长城墙基周围有洞穴，长满杂草、植物，一不留神，容易坠入其中；有的长城看似结实，内部却已经松散，人踩上去后立刻倒塌；有的长城底部杂草丛生，成了毒蛇、野兽的洞穴，人经过时容易遭到袭击。

（3）遵守规定，安全第一，谨慎进入。来到野残长城后，应该自觉遵守《长城保护条例》规定，与野残长城保持一定的安全距离，不拿一砖一瓦，不踩踏、不乱写乱画、不追逐打闹，严禁烟火，更不能随意在长城墙体上、敌楼里坐卧躺靠，以免发生意外。拍照时，选择空旷的安全位置，不能为了镜头，不顾生死。

（4）不好奇、不贪财，管住手与脚。野残长城属于古代的军事设施，由于古代士兵需要驻守、战斗、存储物资与器械等，可能在某些敌楼里、烽火台里、库房里残存着兵器、物资、遗骸、瓶瓶罐罐，甚至是金银财宝，发现时千万不能动贪念，做到三不：不贸然进入、不挖掘、不拿走，应标注好地点，及时报告有关部门。

（5）预防毒虫、野兽的袭扰。野残长城一般在荒无人烟的山岭之间，有的地段的长城周围杂草丛生，长年无人进入，便成了毒虫与野兽的家园。因此，人在野残长城附近活动时，要提高警惕，预先采取措施，驱除毒虫。遇到野残长城墙基周围露出的洞穴时，受谨慎远离，防止惊动野兽，发生意外。

（6）搭建简易帐篷时，保持安全距离。无意中接近野长城后，如果需要搭建帐篷休息或露营，不能把帐篷搭建在长城外侧，也不能搭建在城墙底部，要选择在城墙内侧，保持墙高2倍开外的距离搭建。

（7）防雷击。过去，经常听到“驴友”在野长城上遭遇雷击伤亡的消息，值得人们警惕与深思。由于野长城一般建在山脊上，遇到雷雨天气，非常容易“招引”雷电。打雷必定有闪电，雷与闪电是由发展旺盛的积雨云引起的，通常伴有强烈的闪光、雷鸣、阵雨、大风，有时还伴有冰雹、龙卷风。闪电与雷声是同时发生的。闪电的形状各种各样，常见的有“树枝状”“直窜状”“串串珠子状”“页状”等。雷电的危害极大，可以危及人的生命。有一种闪电样子像一个小球状，很轻巧，直径在1~20cm，颜色发红或发白。它在空中跳跃，经常随着导线流动，如果跳到人身上，会被击中，导致死亡与伤害。有时也会钻进洞穴、帐篷、车里，十分危险。

夏天，在野外野残长城附近活动时，一旦遇到阴天下雨，如果不注意预防，就可能“引”雷上身，应该格外地加以提防。一是立刻走下山脊，片刻不能停留，因为山的高点是雷电袭击的集中地。二是不要躲在野残长城墙体周围的大树下面防雨，因为大树下是电子云团容易集中的地方。三是不要在信号发射塔、高大建筑物、电线杆下面行走、停留，因为这些物体距电离层较近，电流容易通过它们导电。四是不要带有金属物质（铜、铁等）在外行走，要穿上雨衣，防止衣服被雨水淋湿，因为金属和湿衣服最容易导电。五是不要在野残长城附近的河水旁边停留过久，因为水面同样也容易导电。六是绝对不冒险，采取最简单、稳妥的办法——藏起来。钻进帐篷或山洞、崖下等安全之处避雨，雨过天晴后再出来活动也不迟。

遇险提示

面对野残长城，心中不仅要有敬畏之心，还要有保护意识，绝对不能为了一时之乐，去再次破坏野残长城，更不应该为了虚荣之心，炫耀自己爬上了野残长城。

3. 荒废的矿山

事件发生

秋天，喜欢骑行的一对情侣沿着燕山山脉骑进了幽深荒凉的山谷里，由于山里的景色宜人，两人非常兴奋，不知不觉中骑了200多公里。休息时，他们忽然看见隐藏在灌木丛中的一个洞口。带着寻宝的好奇心，两人小心翼翼地走了进去，走了30米左右，发现是一个废弃的矿洞，矿洞很深，弯曲的洞道底部车辙印痕清晰可见，两侧一排粗木支柱生虫子、腐朽得不成样子了。

忽然，一阵异常响声，几只巨大的老鼠钻了出来，吓得两人赶紧往外跑。由于震动强烈，矿洞口坍塌，把两人堵在里面，手、胳膊被混在泥土中的锈钢筋扎伤，两人声嘶力竭地呼喊救命也无济于事，没有人来救援。两天后，几位徒步爬山的“驴友”经过附近，发现了他们的自行车，听到了他们微弱的呼救声，断定里面有人后开始实施救援。3 小时后，“驴友”成功挖开了洞口，顺利救出了他们。不幸的是一周后，两人都得了破伤风，教训深刻。

生存技能

（1）了解矿山与矿洞。山区矿藏丰富，是金、银、铜、铁、锡、铝、铅、水银等材料的天然宝库。一般多有矿，古代人开矿比较原始、非常简陋；受技术条件限制，挖洞时，通常是两边架木桩，沿着预定的矿脉走向掏洞，顶部也不做任何加固处理，可以绵延数十乃至数千米。近现代人开的矿，虽然有钢铁支柱与顶部安全网，但是时间一长就会锈蚀风化，一般也不是很坚固，容易掉顶与坍塌，所以一定不能轻易进入。矿区也是人居住的地方，一般有遗弃的临时房屋、伙房、储藏室、地窖、简易厕所、废料场等，有些遗弃的物资里可能含有腐蚀性强的酸碱，也可能混有炸药与农药等，都是危险隐患，需要特别预防。

（2）三思而后行，不逞能、不冒失。废弃的矿山与矿洞往往是动物的家园，小动物藏匿其中问题不大，一旦遇到大型野兽藏匿其中，受到突然攻击的可能性就大了，所以需要提高警惕，不能冒失进入。经常遇到的动物是蝙蝠、刺猬、黄鼠狼、蝎子、蛇、蟒、兔子、狐狸、狼、野猪、獾、壁虎、蚰蜒、蜈蚣、蜘蛛、马蜂、蚊子等。

（3）不随意拿东西，更不能随意坐卧休息，这是原则性的大事，务必要遵守。废弃的矿山与矿洞里的东西有可能混有强酸、强碱、水银与农药、毒药等，洞中更危险，阴暗潮湿、终年见不到阳光、通风差，细菌与病毒滋生快，甚至可能有毒气。人进入后，一旦随意触摸、坐卧，衣物、皮肤、头发、眼睛、嘴就会轻而易举地沾染上病毒与病菌，特别是混有病菌的灰尘吸入肺里后，容易引发呼吸性疾病，严重时会危及生命。

（4）严禁烟火，防止爆炸。遗弃的矿山里情况复杂，特别是密闭的矿洞里，可能有易燃气体。如果随意使用烟火，引发爆炸与火灾，那么等于自掘坟墓。

（5）防扎刺伤，重点预防破伤风。废弃的矿山与矿洞里埋有很多生锈的铁钉子、钢筋、钢管、电线、木栅栏等，埋入地下的部分很可能带有破伤风杆菌，一旦被扎伤、刺伤，极容易被感染破伤风，要特别当心。

什么是破伤风呢？破伤风是由破伤风杆菌（厌氧杆菌）引起的特异性感染。当被破伤风杆菌污染了，伤口呈现内深外口小、引流不畅，且伴有组织缺血坏死或有异物存留的伤口后，在失活组织里，在无氧的条件下迅速繁殖生长，同时产生大量毒素（痉挛毒素和溶血毒素），引起一系列的特异感染。这种细菌的外面有一层保护膜，因此它的抵抗力强，不容易被消灭。

破伤风的发病率在野外是比较高的。通过调查发现，在野外发病原因除意外感染外，主要是疏忽大意，处理伤口不及时、不正确造成的。其实，许多破伤风患者如果得到早期的正确治疗，通常是不会发生问题的。那么，野外怎样预防破伤风呢？让我们先弄清楚破伤风是怎么得上的。

破伤风杆菌的生存环境：通常情况下，破伤风杆菌生存在泥土、灰尘、竹木、瓦片、铁锈以及人畜的粪便中。它通过伤口侵入人体。在野外活动时，手脚以及身体其他部位被瓦片、石头、铁钉、木棍、草刺等割伤或刺伤后，破伤风杆菌就会乘机而入，在缺氧的环境中，大量繁殖，产生痉挛毒素。因此，在野外活动时，必须特别小心，因为地下缺氧，特别是废弃的矿山与矿洞里极易使破伤风杆菌生存下来。

破伤风的潜伏期：一般是 4~14 天，也有长达几个月的。潜伏期越短，受伤部位距神经中枢越近，病情越严重。

破伤风的临床表现：发病初期感觉浑身无力、头痛烦躁、心神不安、肌肉酸痛，肌肉紧张度增强。继续发作时，受累的肌肉呈阵发性、强直性痉挛。患者初感咀嚼不便、张口困难，继则牙关紧闭；面肌痉挛使患者呈“苦笑”表情；颈项强直；背腹肌痉挛，呈“角弓反张”状；四肢肌痉挛，呈屈膝、弯肘、半握拳等姿势；膈肌和胸部肌痉挛时，呼吸困难；有时伴有大小便失禁。严重时，会在持续张紧收缩的基础上，对光线、声响、震动等均能产生轻微刺激，并诱发强烈的痉挛。发作时可持续数分钟甚至数小时，患者口吐白沫、流涎、磨牙、大汗淋漓，但神志清醒，非常痛苦。

此病危险性大，愈后效果差，死亡率高。因此，破伤风需引起人们的高度重视，极其谨慎，原则上是以积极预防为主，当即停止活动，寻找医院救治。

预防与治疗：有野外生存经验的人积累了许多预防经验，预防及治疗破伤风通常要注意以下几点：

（1）尽量减少皮肤外伤。在野外活动中要注意自我保护，做什么事情务必要集中精力，小心谨慎地完成，越是在最劳累的时候，越要小心。因为这时由于体力下降，往往容易出现粗心大意的现象，极容易发生意外的皮肤损伤。活动前，要检查周围有无钉子、生锈的铁丝、脏玻璃、树枝、草刺等物，如果有的话，应尽可能地避开这些东西。

（2）不慎发生意外伤后的处理。应该及时彻底清理伤口，清创越早效果越好。受伤后，千万不要用泥土、树叶、破布、脏手绢、衣服等物掩盖或包扎伤口。对感染伤口进行早期彻底清创，不宜缝合。应该先用干净的清水清理出伤口中的泥土或其他异物，再用碘酒消毒，如果没有碘酒，可用盐水反复冲洗，如伤口较深，可用过氧化氢冲洗，再用碘酒消毒。

（3）及时注射破伤风抗毒素。受伤后，特别是伤口较深、较脏时，无论想什么办法，只要条件许可，就要迅速在医生的指导下注射破伤风抗毒素。创口污染严重或伤后超过 12 小时，在医生的指导下，药量可以加倍。若伤口严重且有可能发生破伤风时，一周后可重复注射。注射前还应先做过敏试验，阳性者须再进行脱敏注射。

（4）重视自动免疫。破伤风类抗毒素平时进行基础注射，野外远行前需定期注射，这样可在体内产生抗体，起到免疫作用。预防注射时，药的用量、过敏反应需按医嘱进行，以防发生不测。

遇险提示

发现遗弃的矿山与矿洞时，不能有探宝、挖金的心理，应先观察周围情况，而后迅速判断出安全隐患，确定位置后，待条件许可时，及时报告当地有关部门。绝对不能停留过久或进入洞中寻宝探奇。

4. 废弃的古墓

事件发生

"十一"长假期间，喜欢根雕艺术的小王骑着单车进入了山区，在一片灌木丛中发现了一棵被雷击毁的老树。老树已经枯死，造型很独特，好似一只仙鹤的样子，小王欣喜若狂，认为发现了好材料，急忙跑过去搬动老树。

忽然，老树根部位裂开一个大口子，露出腐朽的棺材与遗骸。小王舍不得造型独特的老树，跳下古墓，向外推古树根子，忽然感觉一股寒气包住了小腿，低头一看，一条碗口粗的蛇缠在小腿上，虽然他不怕蛇，可是由于紧张，伸手抓蛇时，没有保护好手，被蛇咬伤了，蛇跑了，他看着伤口不深，继续挖掘老树根子，1小时后，树根子挖上来了，自己也中毒昏倒在路边。幸亏被另一位“骑游”发现，及时把他送到当地医院，虽然保住了性命，可是小腿中毒严重，被迫截肢了。

生存技能

（1）了解废弃的古墓。古墓是埋葬人的地方，由于各地的丧葬习俗不一样，里面不仅有很多陪葬的物件，还可能有一些防止被盗窃的诅咒物件与文字，甚至还可能有一些防御“机关”。另外，古墓里阴暗潮湿，非常容易藏匿毒虫与野兽，如蝎子、毒蛇、蜈蚣、蚰蜒、壁虎、蝙蝠、蚊子、马蜂、蟾、刺猬、狐狸、黄鼠狼、野猫、野狗等。

（2）尊重死者，不擅自闯入打扰。俗话说：“死者为大，入土为安。”在野外的山区里活动时，经常会遇到废弃的古墓，有的古墓完全暴露出来，有的古墓塌陷严重，遗骸散落，无论古墓是什么情况，都不能随意闯入，更不能为了起贪念之心，擅自拿里面的东西，以免惹祸上身。甚至，无意中破坏了有历史价值的文物，触犯了法律法规，遗憾终生。

（3）遵纪守法，不越雷池半步。关于古墓的管理是有规定的，务必要自觉遵守相关部门的规定。野外山区废弃的古墓虽然无人看管，但也不能贪财随意拿里面的东西，更不能破坏古墓。如果发现古墓里有文物，要标记好位置，报告有关部门，这是做人的原则。另外，有些废弃的古墓看似无人管理，实则还是有墓主人的后人管理的。你随意惊扰了古墓的主人，一旦被墓主人的后人发现，不仅官司缠身，而且还会因此无法消停，严重影响日后的正常生活。

（4）注意卫生，预防疾病。废弃的古墓里阴暗潮湿，气味难闻，尸体腐烂时伴随着大量的细菌与病毒，有些病毒生命力极强，对人的侵害大，需要格外小心。

（5）防毒虫叮咬，重点预防毒蛇咬伤。废弃的古墓里，一般藏着很多毒虫，稍微不注意，很容易被叮咬，轻则起疙瘩、红肿、疼痛、流血，重则中毒、死亡。毒蛇在废弃的古墓中很常见，要提高警惕，小心翼翼，采取得力措施，防止被毒蛇咬伤。一旦被咬伤，怎么办呢？

1）保持镇定，阻断毒液。千万不要被吓得不知所措，更不能狂奔乱跑，以免加速毒液吸收，争取时间是最主要的。此时应立即找来一条布带或长鞋带在伤口上端5~7厘米处（近心脏的一端）扎紧，为防止肢体坏死，每隔7~12分钟放松2~3分钟。如果伤口内有毒牙残留，要迅速拔除。

2）争分夺秒，排出毒液。有条件的话，应用冷开水、清水、井水、盐水反复冲洗伤口表面的蛇毒，然后，以毒牙牙痕为中心，用消毒后的小刀把伤口的皮肤切成十字形，再用两手用力挤压或拔火罐，把伤口里的毒液与混有毒素的血水吸出来。情况紧急时，在口黏膜无破损、无龋齿的情况下，可直接口吸，边吸边吐，吸后漱口，尽量将伤口内的毒液吸出。如果早有准备，要立即服用解蛇毒药片，并将解蛇毒药粉涂抹在伤口的周围，而后立即去医院诊治。

3）牢记民间偏方，不放弃任何治疗机会。在野外的山区活动被毒蛇咬伤时，在没有任何药品的情况下，可以选用草药七叶一枝花、半边莲、八角莲、山海螺、万年青、蒲公英、紫花地丁、贵针草、鱼腥草、田基黄、苦参等捣碎取汁，涂抹在伤口周围，也有一定疗效。记住，无论遇到什么困难，千万不能坐以待毙，丧失信心。

4）快速判断毒与非毒，务必要坚持从重原则。野外如何判断蛇是否有毒呢？根据经验，毒蛇有毒牙和毒腺，头大多为三角形，牙齿较长，身体花纹鲜艳，看上去很凶猛。另外，还可以从牙痕迹上判断，毒蛇咬人后，留下痕迹是最前面有两个大且深的牙痕。无毒的蛇咬人后，牙痕一般呈“八”字形，小而浅，排列整齐。

野外只要被蛇咬伤，如果没有经验，一时无法判断蛇是否有毒与无毒，应该按照毒蛇咬伤来治疗，以防止发生意外。

遇险提示

遇到废弃的古墓要有敬畏之心，告诫自己尊重死者，遵纪守法，不贸然闯入，远离才是上策。

5. 废弃的庙宇与道观

事件发生

刚刚退休的赵女士很喜欢研究历史文化，一天，她听说太行山深处的一座山顶有一座古老的寺庙，便独自驾车前往考察。汽车驶下了公路，在山谷的小道上缓慢行进，远远看见山顶的庙宇，可惜没有道路了，她停好车，背着背包徒步往山顶爬。到了庙宇门前，发现已经残破不堪，废弃多年了，她辨别着门匾字迹，缓慢走进第一道院，看见前面一座房子里竖立的四大天王的塑像破碎了，举着照相机拍照。

忽然，一条疯狗从塑像后面蹿了出来，狂叫着，呲着大门牙，扑向了赵女士。赵女士吓得惊恐万分，措手不及，被疯狗咬伤了。由于伤口不深，她简单用创可贴处理了一下，没有及时去医院治疗。半个月后，她开始感觉身体不舒服，伤口疼痛难忍，见到水就惊恐，呼吸困难。赶紧去医院看医生，诊断为狂犬病，已经无法挽救了。

生存技能

（1）睁大眼睛，务必提高警惕。以前这些地方既是清净的地方，也是人多的地方，由于历史、战争、自然灾害等原因，有的庙宇与道观荒废了，成了流浪者的栖身场所，甚至是动物藏身的地方。如一些流浪汉、拾荒者，甚至是潜逃罪犯为了生计与安全，可能在这里安营扎寨了，你擅自闯入后，可能就会成为受害者，荒山野岭的没有人会听见你的呼叫，后果不堪设想。野外的山区动物多，有些动物四处流浪，最喜欢在有人居住的附近游荡，更喜欢钻进废弃的庙宇与道观里安家，把这里变成自己的巢穴，你进入后，由于一些动物有极强的领地感，动物感受到了威胁，就会疯狂地攻击你。

（2）了解废弃的庙宇和道观，要有保护意识，不能擅自损毁。一些荒废的庙宇与道观里面残存有塑像、碑、书籍、壁画、供台、祭品、鼓、螺、号、钟、水井、灶台、杂物、炼丹炉、坟墓等，谨慎进入，一定要心中有数。不能乱拿、乱摸、乱动、乱画，更不能乱说。如果发现一些药物提炼炉或金属冶炼炉，务必要提高警惕，不宜接近，更不能捡拾炼丹炉或冶炼炉旁边的物品，当成宝贝或标本。

（3）头顶威胁大，随时防护，注意安全。废弃的庙宇与道观的古建筑多，一般使用的材料是木头、砖瓦等，屋梁上的木材腐朽老化，很容易断裂倒塌，另外，一些动物喜欢在房梁上筑巢、休息、孵化、繁殖，如蛇、蟒、鹰、蝙蝠、壁虎、老鼠、蚰蜒、蜈蚣、蝎子、蚊子、马蜂、野猫等，如果贸然进入，惊动了它们，它们在你的头顶发起攻击，轻则吓你一跳，重则可能丢失性命。

（4）注意卫生，预防疾病，特别要预防狂犬病。废弃的庙宇与道观灰尘多、残存的杂物多，有些阴暗的角落里特别适合细菌与病菌生存与繁殖，进入后，要加强防护，尤其对头发、眼睛、鼻子、嘴、皮肤更要加强防护。需要注意的是，在这里可能遭到野狗、野猫、鹰、蝙蝠、刺猬、狐狸、黄鼠狼的“暗算”，需要重点预防狂犬病。一旦被“暗算”，怎么办呢？

1）认识狂犬病。据调查，在我国每年都有数百起因被狂犬（野猫、狐狸、蝙蝠、鹰等）咬伤后，当事人疏忽大意，从而错过了最佳的治疗时机。

狂犬病是由狂犬病毒引起的急性中枢神经系统传染病，属自然疫源性疾病。这种病毒主要存在于受到狂犬病毒感染的狗、狼、狐、猫、蝙蝠、鹰、熊、刺猬等动物体内，当这些动物咬人、抓伤人或以舌舐人的皮肤时，病毒没有被及时地杀死，就可将病毒通过擦伤的皮肤，经毛细血管，由血液带入人体内。

在野外，不慎被狗及不明动物咬伤、抓伤、舌舐，人感染了狂犬病毒后，经过数天到数十天、数月，长的一年甚至更长的潜伏期才发病。

2）自我诊断，不能麻痹大意。①被咬伤部位的伤口虽已结痂，但又感到皮肤有刺痛、麻木或蚁走感。②严重时为忧郁和情绪不安，全身发热，当患者逐渐进入高度兴奋状态，就表现出极度恐惧，似有大难临头的预兆。恐水、怕风是狂犬病患者特有的症状，患者表现为饮水、见水、听见流水声，甚至有人说水字，都会引起咽喉严重痉挛。由于患者对外界刺激特别敏感，微风、扇风都可引起其咽肌痉挛。③患者吞咽困难，最终会由于呼吸、循环衰竭及麻痹而死亡。该病死亡率极高，没有特殊的药物治疗。由此可见，预防发生狂犬病极为重要。据医学文献记载，狂犬病由病犬传播的约占 85%~90%，由病狼、野病猫、病刺猬、病熊、蝙蝠传播感染的占 10%~15%。野外防止被狗、猫、蝙蝠等动物咬、抓伤，乃是预防该病的关键。

3）预防是关键，生命掌握在自己手中。野外山区的野狗、野猫，以及流浪猫、狗的数量已经很多了，其身上带有狂犬病毒的可能性极大，因此防止被犬咬伤、被猫（蝙蝠）等动物抓伤，尤为重要。当你准备进入山区活动时，要详细了解当地狂犬病的发生与流行情况，做到心中有数。同时还要尽可能多学一些医学科普知识，懂得狗（其他动物咬伤、抓伤）咬伤与狂犬病之间的关系，认识预防狂犬病的重要性。切记：在野外不要随便逗狗、猫、鹰、狐狸、蝙蝠等动物。

4）快速识别疯狗，及早驱赶或远离。野外山区遇到狗后，通过观察，很容易辨别出是不是疯狗。疯狗的特点是：生活习性反常、乱咬乱撞、流涎、眼发直、皮毛蓬乱、追咬人及其他动物。这样的狗死后，绝不能屠杀食肉，因为加工过程仍有被其感染的可能。疯狗要迅速捕获深埋，或焚烧，彻底消灭传染源。另外，在接触狂犬病患者时，要小心患者的唾液，对沾染的用品进行及时彻底消毒，要谨防自己的皮肤及黏膜被感染。

5）积极治疗，分秒必争。在野外的山区活动时，如果不幸被野狗、野猫等动物咬（抓、挠、刺）伤后，应立即停止野外活动，迅速到就近医院就诊，在医生指导下，接种狂犬病疫苗。千万不要凭感觉，被"没事"或"不会是狂犬"的想法所干扰，以免错过治疗时间，影响效果。在野外的山区如果远离医院，或者根本就没有条件到达医院，独自一人没有任何援助时，也不能丧失生存信心，应迅速进行局部紧急处理，为了争取时间，应立即对伤口进行挤压（由外向伤口中心进行加力挤压）或者在伤口附近系止血带，使含有病毒的血液流出。也可以用消毒的针刺伤口，使之出血或在伤口上用火罐拔毒。同时，可用20%的肥皂水，或者1∶1000的高锰酸钾，亦可用0.1%的新洁尔液冲洗伤口，再用大量凉开水反复冲洗伤口至少半小时，然后用白酒或酒精消毒。注意，伤口绝对禁止缝合及包扎。

另外，当你决定进入山区活动之前，应主动在医生的指导下进行预防接种。

遇险提示

遇到废弃的庙宇与道观时，最好远离，不贸然进入，万不得已进入时，千万注意头顶安全，同时谨防隐藏在里面的野兽"暗算"。

6. 废弃的防空洞（藏身洞）

事件发生

暑假期间，某公司的一对情侣自驾游进入了燕山深处，他们发现远处一座山很奇特，形状好似“骆驼”，临时改变路线，驶出公路，朝着“骆驼”山驶去。1 小时后，汽车开到了“骆驼”山前，两人兴致勃勃地爬山，走到半山腰处发现了一个古老的防空洞（藏身洞），在好奇心的驱使下，两人钻了进去。经过一道厚重的水泥大门时，忽然门框上一股水喷了出来，水的冲击力导致水泥门反锁了，两人转身开门，使出了九牛二虎之力，厚重的水泥大门纹丝不动。无奈之下，两人打电话求救，没有信号，只好用手机照明，继续朝前走，寻找出口，废弃的防空洞（藏身洞）弯弯曲曲的，没有出口，两人身陷其中，3 天后被当地护林员发现，救出时，两人因饥渴、寒冷、惊恐已奄奄一息了。

生存技能

（1）了解废弃的防空洞（藏身洞）。废弃的防空洞（藏身洞）是以前为了打仗或躲避战乱而修建的藏身之所，里面的设计与施工非常隐秘，纵深很长，门与房间很结实，为了防止毒气、水、炸弹的侵入，往往有很多隔断、房间与厚重的门。比较标准的防空洞一般有储藏室、休息室、水窖、发电室、通风口、卫生室等，由于年久废弃，里面的门可能无法转动，或无法单向推开关闭，需要特别提高警惕。

（2）滋生的病菌多，卫生状况差。由于废弃的防空洞（藏身洞）以前住过人，也可能有牲畜藏在里面，人员撤出时，牲畜转移后，残存的废弃物、排泄物，甚至是有毒物品就会逐渐侵蚀防空洞（藏身洞）的各个角落与空间，贸然闯入后，走路扬起的粉尘夹杂着致病微生物、病菌会导致空气污浊，如果防护措施不力，有可能影响身体健康。

（3）暗藏的"杀手"多，危机重重。①一些废弃的防空洞（藏身洞）里可能残留有爆炸物、有毒物质、枪械、弹药，甚至是化学与生物武器，还有可能遗留有无人认领的尸体等，情况复杂，不能随意触摸、搬动。②由于防空洞（藏身洞）大都依据地形建在地下或山丘之中，年久失修后，可能会进水，成了"水库"或水窖，容易发生倒灌现象，进入时，需要特别当心。③一般的防空洞（藏身洞）里的门非常厚重，有水泥的、钢铁的，大门的锁设计也独特，有的锁是正向的、有的锁是反向的，还有的锁是上下提拉的，如果不明白其中的奥秘，容易把自己反锁起来，困在其中，陷入死地。因此，遇到门时，应该仔细观察门的转动方向，看看有无反锁设计，有无歪倒现象，预先准备好石头、砖瓦、钢管等材料，垫入门缝、门底、门框里，采取安全的阻断手段后，方可进入，确保进出自由。

（4）狡兔三窟，给自己留有退路。野外山区活动时，如果必须进入防空洞（藏身洞），进入前，应该在洞外明细之处写好留言，也可以摆上特殊的物品，目的是告诉别人你进去了，包括时间、携带物品、人数等，为救援人员提供可靠的信息。

遇险提示

进入遗弃的防空洞（藏身洞）务必做好两件事，进入前留有信息，让洞外的人知道你进入了；进入后认真观察，谨慎行事，并留有退路。

7. 古代战场遗址

事件发生

秋天的一个周末，郊外美景如画，赵先生开车带着妻子、孩子进山游玩了，他们在山坡上安营扎寨，搭建帐篷。孩子玩心急迫，发现前面山包顶部有一处破碎的碉堡（炮楼），兴奋得不得了，跑过去拍照，在炮楼散碎的墙体边沿发现了一个古朴的陶罐，弯腰捡起来，意外发生了。原来脚下是个陷阱，整个身体下陷，陶罐破碎了，流出了一些黄稠液体，液体气味难闻，腐蚀性极强，他的双手迅速溃烂，疼痛难忍，当即昏迷过去。父母发现后，立刻送孩子去医院，住院治疗一月后双手落下了残疾，教训深刻。

生存技能

（1）了解古代战场遗址的基本情况。既然是古代战场，一般会留有很多军用物资、建筑工事与遗体掩埋地，如锈蚀的子弹壳、哑弹、弹片、盔甲、刀、枪、剑、戟、地雷、炸药、弓弩、毒药、麻袋、包装箱、衣物、被装以及瓶瓶罐罐等，还有残破的战壕、阵地、炮楼、碉堡、战车、陷阱、栅栏、引爆器、发射器等，有的遗留物品深埋在地下，有的残破物品散落在地表，需要特别留意，不能随意捡拾。特别是遇到裸露的遗体掩埋地，不能轻易"惊扰"，以免发生不测。

（2）活动时要谨慎，不能麻痹大意。按照民间的老话讲，古代战场属于"凶地"，人员进入后，需要带着敬畏之心，不宜大声喊叫，也不能轻易踩踏特殊的遗留物件，甚至不能随意大小便。有的特殊战壕附近遗留有致人死亡的陷阱，有的阵地附近可能遗留一些危险的不明物体，仍然有杀伤力，千万不要存有侥幸心理，随意触摸。

（3）重点管住手与脚，不要随意接触不明物体。野外的山区里活动，特别是在古战场遗址里，最有可能遇到一些不明物体。如瓶瓶罐罐、奇异的金属制品、各种包装箱、奇形怪状的石头与树木等，这些不明物体的来源主要有六个：①以往战场中士兵们遗弃的物体；②一些不负责任的工厂随意遗弃的有毒物体、工业废料；③废弃坠毁的航天器残骸、飞机坠毁残骸、丢失的空降物品等；④当地人开山遗存的炸药、雷管、起爆装置等；⑤以往团练、乡勇、民兵训练时遗弃的物品等；⑥地外陨落的物质等。

遇到上述不明物体时，应该迅速远离，千万不要因为好奇去触动它们，以防发生不测。如果判断不明物体情况特殊，或情况紧急，标记好位置后，及早报告有关部门。

遇险提示

进入古代战场后，应该预先观察战场情况，对地形、地物、军事设施、阵地规模与危险地域有一个评估，充分了解后，才能活动，以免发生严重后果。遇到遗体要保护好，对待遗物应及时上交或报告相关部门。

8. 无人管理的训练演习场

事件发生

赵师傅喜欢奇石树根，经常独自进山收集。一天，他心血来潮，为了寻找到更奇特的树根、石头，竟然翻越了两座孤山，顺着一条干枯的河床，进入了更加原始的荒山野岭之中。没有想到，这里竟然是一个无人管理的演习训练场。他在山谷的沟壑中寻找石头，在一块奇特石头旁边发现一个带拉环的物体，随手一拉，“砰”的一声，手指被炸伤了，吓得他“魂”都飞了。

生存技能

（1）了解无人管理的训练演习场。无人管理的训练演习场地域广阔，地形复杂，一般情况下，只有演习或训练时，才有专人放哨、站岗及设卡、拉警戒线、装警示灯、竖警示旗，务必要特别留意。主要危险隐患有四个：①演习或训练时，通常会真枪实弹地进行，可能遗留一些哑弹、爆破器材等；②人工挖掘的工事、战壕、掩体、水井，以及人工布设与搭建的铁丝网、伪装网、栅栏、陷阱、炸点、显示点、爆破点、烟雾发生装置、瞭望塔等；③预设假想敌的掩蔽部、阵地、爆炸与烟雾装置等；④污水、生活与演习训练垃圾集中地等。

（2）尽量减少停留时间，避免随意走动、擅自拿东西。进入山区活动时，特别是无意中闯入演习训练场地后，要预先观察有无警示灯光、警示旗帜、拦截线、烟雾与升空的信号弹，听一听有无爆炸声、枪炮声、机器的轰鸣声等，如果有上述情况，说明有演习或训练任务进行中，要立刻停止前进，原地返回或绕道经过。如果没有上述情况，要留心观察地形、地物、地域情况，不碰摸异常的物品，特别是脚下的安全更要注意。遇见没有爆炸的手榴弹、手雷、炸药包、雷管、发烟罐等物品，要回避、远离，第一时间撤离到安全地域，而后报告有关部门。

（3）远离陡峭的山石，谨防山体滑坡。野外山区里的演习场与训练场周围，经常会发生山体滑坡。其原因主要是山体本身的自然风化，内部结构发生改变；抑或是人为的因素，大体包括：演习时投放的炸弹、爆炸物、爆炸点、履带机动车、工程机械的碰撞与震动、人员攀登、拉拽、人工爆破与挖掘等行为，破坏了山体整体结构，或者山体表面的岩石已经被摧毁，没有了拉力与支撑力，稍微遇到外力，就会导致大范围的山体滑坡。

山体滑坡破坏力大，突发性强，往往在不知不觉中发生。发生时，成片、成堆的岩石与砾顺着陡峭的山体岩壁呼啸而下，速度很快，瞬间就会到达你所处的位置，令人猝不及防。

当你无意中进入山区无人看管的训练与演习场时，不要紧张，既来之则安之，要打起精神，牢记四点：①学会观察地形地貌，对山坡陡峭情况心中有数，正确判断出岩石的风化程度，避免在土质、石质不好的山顶与山谷里行走与活动。②寻找规律，最好选择以前人们走过的路走，避免误入“死”地。因为野外山区的训练与演习场地域广阔，无论山上山下，还是山谷里，都可能藏有伤人的“机关”，都有容易发生山体滑坡的地段。前人走过的路，一般少有发生山体滑坡。③安全交错爬山、行进或活动，无论是爬山还是山谷里活动，纵向时，上下距离保持 2 米左右；横向时，人员距离保持在 1 米左右。④临危不乱，保持镇静，动作迅速。如果确实遇到了山体滑坡，不要慌张，更不要呆若木鸡，站在原地等死，务必要用最快的时间看清楚山体滑动的方向，而后迅速躲避。如果实在躲避不开，要迅速蹲下，藏在凸出、坚硬的岩石后面，以防发生不测。

遇险提示

有句老话，树欲静而风不止，危险往往就隐藏在平常之中。在空旷的无人管理的山区训练演习场里，看似安全，其实到处都有"陷阱"，尽量远离，不宜停留时间过长。

9. 废弃的砖瓦陶器窑

事件发生

春天到了，赵师傅骑车进入山区，准备采摘野菜。他在一个山坡下面采摘了许多荠菜、苦苣菜，高兴得不得了。中午累了，休息时，发现一只兔子不知从什么地方跑了出来，他追赶兔子，不小心钻进了山谷里的一个废弃的砖瓦陶器窑里，兔子蹦跳着钻进了窑口后面一个竖立的大烟囱后面。赵老师抓兔子心切，冲到大烟囱后面，忽然，几只豪猪钻出来，大烟囱瞬间倒塌了，砸伤了他的腰部，他再也站不起来了。

生存技能

（1）了解废弃的砖瓦陶器窑。山区废弃的砖瓦陶器窑选择比较特殊，大多数靠山而建，建筑材料就地取材，以石头、泥土、砖瓦为主，共同的特点是有一个或几个大烟囱，并排或纵向有几个窑窝，里面一般残留有破碎的瓷瓦片、陶器片、碎砖头等，由于位置较低，容易遭遇雨水、雪或者山洪的浸透、破坏，特别是窑窝与高大的烟筒已经失去了支撑力，很容易倒塌，需要特别提高警惕。

（2）藏污纳垢的地方，处处有危险。由于窑窝与大烟囱里相对干燥、暖和，往往成为动物的巢穴，如刺猬、蛇、蟒、狼、兔子、熊、狐狸、猞猁、黄鼠狼、老鼠、壁虎、蚰蜒、蜈蚣、蜜蜂等，你贸然进入，惊扰了藏匿在其中的动物，就可能遭到攻击，令你措手不及。有些陶器、瓷器需要上釉，里面可能存储有一些有毒的颜料、化学制剂等，瓶瓶罐罐的掩埋在窑里，万一不小心碰上，可能引毒上身。

（3）提高警惕，随时准备防御，留有后手。遇到来历不明的陌生人，可能是流浪汉或有案底的人。山区废弃的砖瓦陶器窑地处偏远，非常隐蔽，如果没有完全损毁，还可以临时居住，这就成了流浪人员的居所，或者成为有案底人员躲灾的地方，如果贸然进入就可能与之遭遇，发生意外。如果有足够长的绳子，可以把绳子捆绑在窑口外的一个固定点，带着绳子进入。如果再有条件，可以写一个告示，张贴在窑口外，告诉救援人员你已经进入了。

遇险提示

山区遇到废弃的砖瓦陶器窑要有警惕性，必须要进入时，应该先观察有无危险的地方，再大声呼喊，手拿驱虫剂、木棍、刀子、石头、拐杖、手电、火种，小心进入。

10. 露营

事件发生

暑假到了，为了让上初中的儿子放松心情，马先生带着儿子进山自驾游，他把车开进野山里，而后在一个僻静的山谷里烧烤食物，儿子吃着烤鱼、烤肉非常开心。夜间，他与儿子把帐篷也架设在山谷里，躺在帐篷里，听着蛐蛐的叫声，透过帐篷的通风窗口，看着明亮的月亮与星星，美滋滋地睡着了。

半夜，一阵惊悚的滚动声音过后，父子俩感觉被什么东西砸了，儿子迷迷糊糊地哭喊着痛，他也感到全身疼痛难忍，想钻出帐篷，就是钻不出去，折腾了几个小时，直到天亮了，马先生才发现帐篷是被数十米高的山顶上滚落的几块大石头砸坏了，自己和儿子都被石头砸伤了，鲜血直流，急忙打电话求救，可是没有信号，情况万分危急，幸亏他身上带着多功能刀，割开了被石头压埋一半的帐篷，拉着儿子逃了出去，捡回了两条命。

生存技能

（1）露营的重要性。人在山区遇到危险，如果连续几天几夜不睡觉，一旦大脑神经系统“罢工”，精神可能会崩溃，甚至会导致你做出错误的判断，会让自己陷入无限的被动。所以，科学、安全露营不仅是保证睡眠的关键，也是旅游遇险生存时必须要掌握的技能之一，它对于恢复体力，保持清醒，选择求生方式，定下正确的求生决心，采取正确的行动非常重要。露营不正确，就可能让自己置于死地，甚至会出现万劫不复的灾难。

（2）山区露营可能遇到的不速之客。平时少有人涉足的山区是各种动物的乐园，尤其是夜间更是一些动物出没的大好时间。夜间露营在山区中，如果你匆忙入睡，不做任何防范，有些“客”会不请自来。如野猪、豪猪、刺猬可能会寻食造访，拱醒你；野狼可能会悄悄逼近你；蚊子与毒虫可能会围攻你；泥石流可能会不期而至；山顶滚石可能会砸向你；雷雨可能会突然出现；老鼠可能会啃咬你。总之，野外山区露营危险性很大，需要掌握露营的基本技能。

（3）架设帐篷，地点选择很重要。山区的夜间温度很低、潮气大、山风又硬又冲，最好预先准备一个便携式“五防”

帐篷，架设地点最为关键，牢记六点：一是远离纵深陡峭的山谷中，以防止发生坠石砸伤事件。二是选择露营的山坡必须靠阳面，干燥、平整、无杂物，进出道路方便，远离风动石、风化石、堰塞湖。三是遇到大雨将至时，提早转移出山区，不宜露营。四是远离杂草、荆棘、潮湿、阴暗、蚊虫多的地点。五是远离动物出没的地域，通过观察有无动物脚印、毛发、粪便与尿液、羽毛等，就能大概知道露营地域有无危险动物出没或藏匿。六是远离枯树、废弃的墙体等。

（4）掌握一个通用的、快速判断安全露营地点的方法。正面站在干燥、相对干净的半山坡上，仰视山顶，以鼻尖为中心线，左右同时伸出双臂呈 45 度角，在这个扇形区域上方没有散碎的大石头、风化石、枯树、洞穴，没有凸出的岩石、堰塞湖等，就可以放心地安营扎寨了。

（5）快速、正确搭建庇护所，创建一个遮风、避雨、挡寒的"窝"。

如果没有携带现成的制式帐篷，搭建庇护所的材料就需要自己寻找了，原则上就地借用、就地取材、原地寻找、原地加工，务必掌握四种简易搭建"窝"的方法。

第一种：借助现有的"庇护所"。立刻观察山体四周，如果发现有现成的古人挖掘的藏身洞、猫耳洞、单人掩体、天然岩洞，立刻检查里面是否安全，确认安全后，适当修建一下，点燃火堆，就可以当成庇护所了。

第二种：单向半倾斜式庇护所。如果没有可以利用的现成庇护所，在天色没有黑下来之前，立刻主动建造，不能拖延时间，在体力允许的前提下，四处寻找藤萝、树木、树枝、树叶、竹子、地皮草等材料，最好借助山体的一部分，把树干、粗壮的竹子按照一定的角度倾斜着搭架上去，而后用藤萝捆绑加固，上面再用树枝、细竹子交叉与横向加固，最后再用树叶、细竹子、地皮草铺盖，既能保暖、防雨，也能遮风、防寒潮。

第三种：高架、悬空、半张开的雨伞式的窝棚。这是最实用、最简单的庇护所，这样的“窝”，形似半张开的雨伞，防风雨功能好，还能最大限度地节省硬材料。需要的材料是结实、耐用的藤萝若干条，一根长约 3 米、直径约 10 厘米以上的粗树干，深埋在地里 30 厘米，周围用石子加固，而后在树干距离地面 1 米的位置横向捆绑数根胳膊粗、与人等高的树杈子、粗竹子等，使用数根 3 米多长的树枝或粗竹子从顶点与距地 1 米高的横向树枝、粗竹子相连接，间隔越密越好，根据材料、时间、体力确定，最后在上面铺好树叶、雨布或衣物等，简易的“窝”就搭好了。注意，与顶端捆绑在一起的连接杆的尾端需要扎入地中，这样才牢靠、平稳。

第四种：搭建瓜棚、菜棚里常用的三角形窝棚。这样的窝棚需要的硬材料多，而且硬材料必须结实。找来 4 根直径 10 厘米、长约 2 米的树干或粗竹子，两根一组，分别制成支架。

捆绑支架时，两根树干在 1.6 米的位置交叉，底部分开呈 45 度角，两个支架交叉点上面的横梁很重要，是“窝”棚最关键的支点，需要结实耐用，两根支架间的距离根据横梁材料、长短情况确定，最好是一根长约 3 米的树干或粗竹子，三角形窝棚互相连接的地方，务必用藤条、草、细树枝捆绑牢固，防止被风吹倒，被雨水冲坏。三角形窝棚的骨架完成后，把长短、粗细的树枝、竹子、麻秆等材料按照顺序分别从两侧捆绑上去，越密集越好，底部需要多放一些柔软的草、树叶等物品，或垫一些木板。材料充裕时，在距离底部 0.5 米的部位捆绑悬空隔离的木栅栏，防止地面的虫子叮咬。三角形窝棚两端的开口方向有讲究，应该避风、朝阳。

（6）露营时，应该建造一个简易、安全的悬空床。山区露营，无论是白天还是晚上，随时可能发生意想不到的事，令你措手不及，甚至危及生命。如果没有临时庇护所，那么，建造一个安全、靠谱的床很重要，千万不能随意找个地方，铺些草、树叶就可以当床了。只要条件允许，床应该是悬空的。最理想的悬空床是找两块大石头（高约 30 厘米），间隔 2 米左右，在上面搭上木桩、木板、树干就可以了。如果山区有树木，选择两棵间隔 2 米左右的树，在树根距离地面 50 厘米的位置，用绳子、藤萝或树枝编成一个网，人躺上去就悬空了，能有效避免地面的毒虫袭扰。为了保暖，要多在床上铺些干净的草、树叶、衣物等。

（7）建立露营安全区域。露营时，无论有无庇护所、床，都应该仔细检查四周情况，建议以自己为中心，向外 5 米以内的杂物清除干净，情况允许的话，还要挖一圈阻断沟。阻断沟的大体标准是：沟深不少于 30 厘米、宽不少于 30 厘米，底部最好放入一些草木灰、石灰粉、炭木，可以有效防止毒蛇、毒虫侵入你的领地，也可以减缓山顶滚下来的石头的冲击力，避免伤害。

（8）报警与拦阻设施不可少。报警装置是为了叫醒自己，给自己留出反应时间，在一些危险动物可能侵入的道路上，设置暗机关，动物触碰后，发出烟雾、响声或大的动静，吓走动物。具体的设置方法是：找来一些树枝、石头、柱子、带刺的灌木枝、藤萝条，在一些野兽可能出没之处，巧妙地固定上一排或数排树枝，并用藤条设置一个反弹加力触动“绊锁”，当动物不小心碰到“绊锁”时，树枝、石头、柱子、带刺的灌木枝突然倒下去，压住动物或把动物吓跑。

拦阻设施也必不可少，为了保证自己露营时的相对安全：①可以用石头垒起一圈简易的石头墙，高约 1 米，以阻挡野兽的突然攻击。②可以用火建立一道阻拦墙，山区的大多数野兽害怕火，露营时，以自己为中心，取火后把容易燃烧的材料摆放在四周，野兽一般不敢靠近。注意上风头不宜置放火堆，人与火堆一定要保持安全距离，不能被烧着、烤着。

（9）取火种，生存必备知识。山区露营，夜间的温度很低，容易冻坏身体。另外，为了发送求救信号，为了驱赶恐吓野兽、蚊虫，也需要火。一般情况下，野外取火的方法有六种，需要认真学习掌握，并且能熟练运用：①直接用打火机、火柴、火镰引燃易燃物。②利用太阳取火。白天如果大晴天，太阳炙热，可以找一些易燃物，用放大镜（高度近视镜片）对照太阳聚焦，引燃易燃物，而后把树枝、干草、干树叶、干树皮、枯树引燃。③利用火石取火。山区多石头，有些石头含有磷，两块石头对敲，擦出火花，引燃易燃物。④钻木取火。找一块长方形的干燥的桦木、松木做"火床"，找一根麻秆粗细的、前头是锥形的木棍，锥形头对准"火床"中心线呈30度角，前后快速摩擦，产生火屑后，立刻放入易燃物中，轻吹空气，逐渐使火苗升起、旺盛。⑤如果有电池，可以把易燃物放在电池正负极下面，用导线瞬间使电池放电短路，利用瞬间出现的火花，引燃易燃物。⑥如果没有电线、电池，预先带有手电筒，可以实施破坏性的方法取火，准备好易燃物，放在手电灯泡处，把灯泡保护玻璃打碎，钨丝与易燃物贴得越近越好，开启手电开关，瞬间会产生火花，引燃易燃物。

遇险提示

露营时，危险随时降临，如果是两人以上，最好安排值班的人，随时发现险情，随时做出反应。如果独自一人，不能完全睡死过去，要处于半睡半醒状态，手中一直握住武器——石头、棍子等。

11. 山区行走

事件发生

暑假期间，喜欢摄影的徐老师带着专业照相机进入太行山摄影，为了拍摄奇特的片子，他独自走进了一个陡峭的山谷里。突然，他发现山顶藏着一只野猫，空中一只俯冲下来的雄鹰伸出利爪朝野猫飞去。

徐老师看见这个千载难逢的机会，追逐着雄鹰与野猫的位置，快速拍照。意外发生了，野猫看见了空中的雄鹰，横冲直撞地踩踏着岩石逃跑，雄鹰扇动翅膀紧追不舍，猫爪子、鹰的翅膀把山顶的岩石打落下来，几块茄子大小的石头飞速滚落，徐老师躲避不及，头被砸中，当即昏迷过去。第二天，才被上山寻林防护员发现，送到医院后，由于失血过多，大脑神经损坏严重，虽然保住了性命，但却给自己的健康身体留下了终生遗憾。

生存技能

（1）选择安全路线，万万不可掉以轻心。荒凉的山区情况非常复杂，危机四伏，危险随时在身边出现。行走时，路线选择最关键，走错了，轻则伤痕累累，重则生命难保。所以，务必要提前做出判断，心中有数。具体方法是：站在安全地点，仔细观察周围情况，重点是远近高低的群山，特别是山谷、山顶、山坡、水潭、堰塞湖、河流、树木、植被、山洞、动物活动痕迹与活动地域，一一对照观察，提前做出判断。

（2）判断方向，不能乱闯乱撞。山区行走时，容易迷失方向，越走越远，让自己陷入被动。如果无法确定行走的方向是否正确时，不能盲目行走，应立刻停在原地，选择好正确的求生路线，做好以下九件事：

1）回忆一下自己是从什么方向走来的，如果能回忆起来，最好按照原路返回去，就能平安无事，如果无法回忆起来时的方向，也不要慌张，控制好情绪最重要。

2）观察地形、植被与山势走向，预判出正确的方向后再走也不迟。观察方法是以站立点为中心，前后左右顺时针观察，山峦重叠的方向不宜走，应选择山峰逐渐变低、稀少的方向走；如果发现山谷，应该顺着山谷的下坡走，走出去的可能性大；如果发现山下有河流，应该顺着河水的流向朝下游走，一定能遇到村庄、城市。

3）耐心寻找车辙与动物痕迹、工业建筑与设施、人员生活的痕迹。一般情况下，只要不是进入最原始的荒山野岭，就可能发现一些“方向”迹象。如高压电输送支架、通信设施、导航塔站、水利设施、人工植树造林基地、公共墓地、机动车的车辙、牲畜的活动印记、远处飘移的炊烟、灯光、古长城遗迹等，一旦发现这些情况，一般就能找到正确的行走方向了。

4）白天寻找天空的太阳，概略地确定东南西北。山区行走视野比较开阔，只要天空有太阳，以身体正面为方向的基本参照点，根据太阳的大体位置，就能确定出东南西北了。方法是身体立正或坐正，面对太阳，早晨太阳一般在东方，中午太阳在南方，傍晚太阳在西方，这是天然的指南针，不学自通。

5）夜间寻找北斗七星，判断东南西北就容易了。进入山区后，如果是夜间，最好不行走，万不得已必须行走时，可以仰望天空，天空的北极方向有七颗明亮的星星，排列组合像一个勺子，勺端最外侧开口处的两颗星距离向外等距延伸五倍处，有一颗较为明亮的星，就是北极星。

6）查看岩石情况，在山顶的凸起部位寻找合适的岩石，观察石岩与土壤的结合部，看潮湿与干燥情况，潮湿的一面是西北方，干燥的一面是东南方。

7）观察植被生长情况，一些植物是天然的指北针。山区的植被受阴阳面、气流、雨雪等外在环境的影响最大，选择一个相对独立的山丘，缓慢绕山行走，仔细观察山上的植被（草、野花、树木）生长情况。生长旺盛的一面是东南面；生长稀疏或不生长的一面是西北面。

8）树是天然的指北针。山区树木比较多，只要发现了独立树或树林，东南西北的方向就好找了。第一步：观察树皮的细光与粗糙情况，树皮粗糙、黯淡的一边是西北方；树皮光滑、有光泽的一边是东南方。第二步：观察树的叶子，植物茂盛、生长繁密，带有光泽的一边是东南方；植物稀疏，枯萎、光泽差的一边是西北方。第三步：如果有刀、斧，可以把一棵独树砍倒，观察树的年轮，年轮间隔大的一边是东南方；间隔小的一边是西北方。

9）观风向，定方向，处处都有指北针。山区风沙多，一般情况下，刮风是有规律可循的，风中隐藏着东南西北，需要你认真感受与判断。如山区冬季的风多是西北风；山区春、夏与秋季的风多是南风与东风等。

山区判断方向，需要综合判断，多用几种方法，准确性就高，误差就少一些。这就需要你不断地总结、摸索，找出规律，才能运用自如。

（3）预判危险，预想对策，对可能发生的滚石、泥石流心中有数，不要贸然行走，要预先观察山谷两侧情况，看有无松动与风化的岩石，尽量避开危险地段。根据经验得知，山的岩石结构复杂，部分山石由于常年的风吹雨打，特别是受到酸雨的侵蚀，树根地下的侵入与暴涨，以及太阳照射，酸、碱与硫化物的重复、持久地侵蚀，会出现散碎现象，一旦受到震动或其他外力作用，就可能滚落下来，威胁人的生命安全。

（4）与野兽、昆虫遭遇的可能性大，要有充足的心理准备，做好防御工作。山区人烟稀少，地域广阔，植被多，水潭多，杂草多，无人认领的坟茔多，野兽与昆虫的种类多，攻击性强。行走时，一般能遇见的野兽与昆虫有野猪、野狗、野猫、野驴、野鹿、牦牛、野马、野狼、熊、鳄鱼、獾、狍子、秃鹫、山鹰、乌鸦、蝙蝠、毒蛇、蟒、黄鼠狼、狐狸、刺猬、蝎子、蜈蚣、蚰蜒、蚊子、马蜂、蚂蟥、毛毛虫、蜘蛛、老鼠等，在特殊的季节或极端的气候环境中，一些野兽与昆虫寻找食物比较困难，为了生存，野兽与昆虫会变得极其凶残与暴躁。行走时，要学会保护自己，根据动物的习性预先判断野兽与昆虫的出没地点、习性，准备好自卫的武器，如棍子、绳子、石头、匕首、刀、斧、杈、火柴、打火机、驱虫剂、驱虫草、捕抓网等。

（5）隐藏陷阱——洞穴。山区地质结构复杂，地形多样化，随着地壳与环境的变化，自然灾害频繁，加之地震、积水、积雪、风沙、战争与人工开凿等，导致山顶、山坡、山谷里形成了很多隐藏的陷阱——洞穴，如地下溶洞、地下水洞、地下岩洞、捕捉动物的陷阱、古代战争挖掘的翻坑、泥石流后形成的泥潭井、废弃的坟茔、为捕获野兽挖掘的地下巢穴等，这些洞穴有的暴露在山体表面，有的隐蔽在地下、岩石旁，稍有不慎，就可能身陷其中，不能自拔。所以，在山区行走中，务必眼观六路，耳听八方，谨慎慢行，特别是在复杂的山地行走时，更要高度警觉，危险地段，可采取试探性的手段行进，以防误入陷阱。

（6）千万不能误入有进无出的“山谷”。荒凉的山区里情况复杂，最常见的地形就是两山挤靠在一起形成的山谷。大多数山谷内有丰富的绿草、植物、野花、小溪，小动物也是里面的常客，充满着生命气息。但是，也有少数山谷里瘴气满满，寸草不生，白骨累累，充满着杀气，是绝对不能进入的死谷。山区里行走时，一旦遇到山谷，不能马上进入，应该预先侦查一番，判断有无危险。方法是在进入山谷前，在山谷口的一侧较高的安全位置，观察山谷里的情况：①有无茂密的植被；②有无盛开的野花；③有无活动的陆地动物；④有无飞翔的鸟；⑤有无飞舞的昆虫；⑥有无流动、清澈、透明的水；⑦有无异常的尸骨、雾气等。最后再用鼻子闻一闻山谷里有无特殊的气味等，判断清楚以后，再决定进还是不进，需不需要绕道走。

（7）预防磨出脚泡。山区没有道路，路面石头多，凸凹不平，走路距离长、时间多，上下山时，脚与鞋之间的摩擦力大，脚容易出汗，鞋袜与鞋垫会被汗水湿透，这样就容易产生脚泡。脚泡的部位大多是脚底，也有脚后跟，脚侧面，少则一个水泡，多则几个水泡，疼痛难忍，不但影响走路，还容易发生感染。如何预防脚泡呢？一是外出前，穿一双大小合适的旅游鞋，鞋底要松软、干燥，鞋带要系结实。二是选择相对平缓的山坡走，尽量不踩凸凹的石头。三是遇到坡度大的地段，放慢脚步，走一步、稳一步，不能过急，速度快了，脚底与鞋的摩擦力就会成倍增加，容易伤害皮肤。四是尽量多休息，休息时最好要用热水泡泡脚，使脚充分放松，左右活动两脚，促进末端血液循环。五是正确处理脚泡，不能抓破。一旦发生脚泡时，千万不要用力抓挠，可用温水洗脚或是太阳局部晒一段时间。万万不能用不干净的树枝、锋利的石头、刀子割开水泡，以防感染。六是保持镇定，控制好情绪，发现脚起泡后，暂停爬山，用消过毒的刀子将水泡刺破，使液体流出，注意老皮不要撕下来，及时给水泡周围的皮肤消毒，防止感染。

（8）使用助力杆很重要。山区道路崎岖不平，路面变化大，为了安全，在条件许可的前提下，自带一个助力杆，或自己用树枝制作一根助力杆。助力杆的作用有时超出寻常，大大提高生存的安全系数。

（9）预防摔倒与砸伤。山区行走最容易受到的伤害就是摔倒与砸伤，因为在山区里活动，需要爬山、下山、钻林、过河、越谷、攀登等，危险性很大。意外摔伤与砸伤发生的概率大，具体的摔伤与砸伤的伤情是崴了脚脖子、腿部骨折、胳膊骨折、颈椎骨折、腰椎骨折、头骨骨折等，概括起来，摔伤与砸伤发生的原因主要有以下几方面：

1）意外失控，造成人体重心偏移。山区行走时，特别是在高处活动时，稍微有点闪失，很容易出现突然摔倒的严重后果。

2）疲劳过度，造成的意外摔伤与砸伤。在山区活动时，体力消耗大，有时还可能在夜间活动，发生意外摔倒的情况很大。

3）为了追求效果，忽视了安全问题。喜欢摄影的人、喜欢捡拾奇石和树根的人，都想拍出好照片、发现好宝贝。为了选取好的角度、为了满足自己的最大欲望，有时就可能走险路，不慎摔倒。

4）意外失足。山区的广阔天地中，地形复杂，有许多天然与人工开凿的"陷阱"，在活动中很难发现这些"陷阱"，稍微不注意，就容易摔倒，掉入"陷阱"里，需要特别地加以提防。

对于突然的摔伤与砸伤，要引起重视，预防为主，一旦发生了，也不要惊慌失措，因小失大，必须及时正确处理，才能保证安全，把摔倒与砸伤的危害降到最低。

遇险提示

户外行走，不能“一心二用”，务必集中精力，安全第一。牢记“眼观六路、耳听八方、预判危险”这12个字。绝对不能冒失，不能逞能，不能违规。

12. 大雨

事件发生

夏天，某山区气候异常，阴雨连绵。喜欢画山水画的马叔叔为了参加画展，决定进山写生，让参展的山水画更加灵秀、逼真。

一天下午，他看着天空放晴了，带着移动画板进山了，走到一个风景秀丽的山谷前，忽然看见几个当地的农民急匆匆地走出山谷，一位好心的农民告诉他赶快回去，不能进山谷了，因为马上就要下大雨了。他看看天空没有乌云，认为没有什么事情，哼着小调进山谷了，走了大约1小时，突然乌云从山谷的另一端飘来，闪电雷声过后，瓢泼大雨下来。顿时山谷里雨水猛涨，碎石不断往下坠落，他惊恐万分，掉头就往山谷外跑，不幸被石头砸伤，从此再也无法站立了。

生存技能

（1）了解山区下雨的危害。通常情况下，山区如果下了一场100毫米的暴雨，就相当于从空中向一亩地倾泻了66.7吨的水，这66.7吨水除了下渗一部分外，绝大部分顺着山坡冲入山谷，最终流入大小河流。由此可知，千万亩田地里的水汇集到河溪之中，将会产生多么大的洪流呢？石质地貌的山区，雨水下渗极少，只能沿沟谷下泄，造成山洪暴发，成灾率高、危害程度大。近年来，我国灾害天气增多，汛期南、北方的降雨带增加，时间延长。南方与北方部分省多次出现大范围降雨过程，局部还降到大暴雨。很多地区都发生了洪水。种种迹象表明，随着全球环境的日益恶化，汛期延长，呈现降雨次数多、雨量大、范围广的特点，且极易造成重大灾害。因此，夏天在山区活动时，重点预防大雨洪灾，切不可麻痹大意。

（2）提高警惕，不能产生松懈、麻痹心理，充分认识到山区大雨的危害与严重后果，以做好充足的准备。

1）注意观察天气，预判大雨来临时机，提早撤离山区或转移到安全地点。

2）停止一切活动，安心避雨。山区遇到大雨来袭，坚决不能外出走动，以免遭遇大雨引发的洪灾袭击。不能停留在松软的山坡处，也不能停留在山谷中，更不能站在空旷的山顶，使用带金属的雨伞，以免引雷上身，应该提前进入庇护所或安全结实的岩洞中避雨。

3）加固庇护所，检查藏身洞，不粗心大意。对修建的临时庇护所要立刻检查牢固情况，条件允许时，再次捆绑，顶部铺盖树叶、草、竹子、藤萝等，以免进水或因支架长时间遭到雨水冲刷而发生倒塌。要对庇护所四周修建的排水设施进行修缮、维护、拓宽，切实保证雨水流出畅通。对于现成的藏身洞、岩洞、防空洞、猫耳洞，应该查看是否结实，是否处于山体安全的位置与区域，是否会发生水流倒灌现象，是否需要自建围挡与引流。

4）随时准备转移，坚决不能犹豫、不能冒险，果断下决心。山区的大雨来势凶猛，短时间的雨量剧增，十分危险。千万不能睡觉，提高警惕，注意观察雨情与地质变化情况。如果感觉地质有变，响声异常，有可能发生泥石流，不能犹豫，要立刻向安全地域转移。冒雨外出时，穿好防护雨衣，注意观察道路情况，防止摔倒滚落下山，或意外掉入洞中。受雨淋时，及时保暖，喝热姜汤。在积水中行走要注意观察，防止跌入窨井或坑、洞中。

（3）预防雷击。夏季的山区雷雨多发，外出活动时，危险系数增大。打雷必须有电，雷与闪电是由发展旺盛的积雨云引起的。根据观察发现，闪电与雷声是同时发生的，强烈的闪光、雷鸣、阵雨、大风，有时还伴有冰雹、龙卷风。闪电的形状各种各样，常见的是“树枝状”“直窜状”“串串珠子状”“页状”等。雷电的危害极大，可以危及人的生命。有一种闪电形似小球，很轻巧，直径在 1～20 厘米，颜色发红，也有发白的。它在空中跳跃，经常随着树枝、岩石边沿流动，如果跳到人身上，一旦被击中，轻则受伤，重则死亡。

夏天的山区，阴雨天气多，雷电发生的可能性增大，应该时刻提高警惕。①不要躲在大树下面防雨，因为大树下是电子云团容易集中的地方。②不要在电线、高大建筑物、电线杆子下面行走，因为这些东西距电离层较近，电流容易通过它们，常常会出现雷电。③不要带有金属物质（铜、铁、金、银等）在外行走，要穿上雨衣，防止衣服被雨水淋湿，因为金属和湿衣服最容易导电。④不要在山顶或山谷中停留过久，因为山顶和山谷同样容易导电。⑤不要把庇护所搭建在山顶，因为山顶是雷电容易袭击的地方。⑥万不得已，不要冒雨行走。山区下雨时，预防雷击的简单办法是老老实实地待在庇护所里，或待在安全牢靠的山洞或凸出的山崖下面避雨。

遇险提示

山区大雨来临前，都有一定的征兆，要预先躲避，这是最安全的方法。如果遭遇大雨与雷电，保持镇定，观察雨的大小，雷电的规律与山体质量情况，以最安全的方式进行躲避。

13. 大风

事件发生

春天的一天，马师傅坐公交车再搭乘三轮车徒步进入山区寻找崖柏，他在山里寻找了半天，没有发现崖柏，不甘心白来一趟，继续向深山里走。深山里荒凉、安静，阴森可怕。下午，山区的气温骤然下降，天空刮起了大风，风卷着沙尘，顺着山谷直吹过来。他没有预先准备防护镜，撤退不急，眼睛被高速飞行的石子打伤了，治疗了半年，几乎失明，后悔不已。

生存技能

（1）了解山区大风的危害。在我国西北部的山区常常能听到这样一句话，“不怕冷、不怕热、不怕雨、不怕雪，就怕大风顺着山谷刮不停”。北方山区的春、秋、冬三季节，气候变化无常，如果遇到刮大风，往往风速快，风中夹杂着小石子、沙子、雪、杂草、树枝等，导致山谷浑浑噩噩，一片昏黄，让人无法睁开双眼，气温骤然下降，如果不采取防护措施，没有保温装备，人很容易受伤，甚至会被冻伤，严重时还可能危及生命。有时扬起的沙尘、杂物，会把山谷掩埋起来。所以，进入山区遇到大风，应该谨慎活动，保护好生命安全最重要。

（2）迅速躲避，不可大意。人在山区活动时，一旦遇到大风刮起来，要保持镇定，躲避到安全地点，不要站在山顶或悬崖边，以免被大风吹下山。要仔细观察风向、风速以及山体情况，务必要保护好自己的人身安全。仔细看风的方向与大小，如果风力不大，没有危险，不必停止活动。如果风力很大，夹杂着沙石、杂物与滚落的石头，有一定的危险性，立刻停止活动，远离高压线、移动网络信号发射架、枯树，也不要藏在低矮的洞穴里，应该立刻进入预先搭建的庇护所里，或者进入山坡位置较高的崖下，或能挡风的凸出的岩石后面，千万不要睡觉，以防止风向改变，身体被杂物掩埋。

（3）认真保暖，保护眼睛。山区刮大风时，气温往往迅速下降，注意及时增加衣物保暖，防止冻伤发生，提早戴好帽子、围脖、手套，预先戴好护目镜，保护好眼睛。

（4）固定庇护所，防止被大风吹倒。预先检查庇护所的支架、横竖木杆、交叉支撑点等部位，无论结实与否，都要进行再次捆绑，对顶部铺盖树叶、草、竹子、藤萝等材料，采取网格式固定法，不能偷工减料，以免被风卷走、吹翻，造成不可挽回的损失。

（5）保管好火源，防止火灾发生。如果在庇护所、山洞、藏身洞里点燃着火，要加强管理，最好围一圈简易挡火墙，火源应背风向，避免大风直吹火源。

遇险提示

山区起大风前也有很多征兆，最好不要进入，应该等大风过去了再进入也不迟。如果已经在山区里，不要顶风前进，更不能随意坐卧睡觉，以免发生意外。

14. 大雪

事件发生

寒假的一天，北方山区连续下了几天的雪，白雪皑皑，厚达20厘米，银装素裹，景色非常漂亮。某公司的几个青年人喜出望外，相约进山拍雪景。他们为了拍摄更美的雪景，把车停在山口边，徒步进入山区纵深达60多公里。小王为了拍摄悬崖边的一棵松树与太阳的画面关系，跑到悬崖边，身子歪斜着举着照相机，没想脚下一滑，身体失去了重心，摔下了3米高的悬崖，他挣扎着站起来，小腿疼痛难忍，又摔倒了，又挣扎着站立起来，剧烈疼痛使他再次摔倒，折腾了几次，最后疼痛难忍，使他昏迷过去。随后赶来的同事连背带抱，把他送出山，送进医院后，医生诊断为小腿骨折，而且由于他反复多次站立，造成骨折处的神经与血管严重损害，落下了伤残。他怎么也想不明白，雪这么厚，摔一下，竟然这么严重。

生存技能

（1）了解山区大雪的危害。北方山区寒冷的冬天，天上会频繁地降下大雪，雪虽然净化了空气，缓解了干旱，但也给人们的出行带来了不便，甚至成了美丽的“杀手”。山区道路崎岖不平，多凸凹地、多山丘、多拐弯、多悬崖、多峭壁、多洞穴、多陡坡，有的山体表面温度低，常年积雪；有的山体表面雪融化后马上又结成了冰雪，因此山坡路面非常滑，走路稍微不小心就可能摔跟头，滚落山下，跌落悬崖。

（2）滚石、山体滑坡时有发生，远离危险地段。有些山体表面石质变化了，最外层的石头容易脱离山体，当大雪铺盖在石头上面时，一旦重量超过石头的承受力，加之部分雪融化的水渗透进表面石层中，在外面的石头与本体石头的摩擦力不起作用了，碎石就可能滚落下去，甚至成片的山体坠落下去，破坏力极大，非常危险。所以，在山区的雪中活动时，要密切观察山顶、山坡的雪与山石情况，耳听八方，发现异常声音，立刻转移。

（3）采取保暖措施，防止冻伤发生。人体最适宜的温度是20℃左右，北方山区的大雪天气里，最低温度可以达到零下30多摄氏度。茫茫雪海，到处都是几厘米甚至是几十厘米深的积雪，如果有风，温度会更低。由于夜间时间长，能见度低，人长期在雪地上行动十分困难，体力消耗明显加大，如果不注意保暖，会发生严重的冻伤。如何预防呢？①无论是白天还是黑夜，只要在外活动时，就要注意保暖，羽绒服、帽子、围脖、手套、雪地靴、袜子都不能少。②饮食很关键，多喝热水，多吃热量大的食物，如动物脂肪、奶、巧克力、糖等。③休息需谨慎，万万不可粗心大意，注意防止出现冻伤，甚至在休息中被冻死。山区遇到大雪，寒冷是最严酷的威胁。休息时，绝不能在没有任何保暖的情况下，靠在石头后面、树后面睡觉，寒冷会使你的血液停止流动，无声无息地死去。务必生火取暖，如搭建庇护所、挖掘雪窝子、生活取暖等，选择避风、保暖的地方休息。

（4）不能粗心大意，摔倒时需要检查伤情，以免受到二次伤害。有人认为，山区下大雪，积雪深厚、松软，摔一下没有关系。其实不然，在山区的雪地里摔倒滚下山、坠落山崖，有可能会造成严重的伤害，如骨折、脑震荡、关节脱臼、肌肉与韧带拉伤、出血等，因此下雪天外出活动一定要多加小心，步子要放慢、走稳，不好奇、不逞能，最好穿上防滑性好的军用胶底鞋、军用雪地靴。山区雪地里走路时不要将双手插进兜里，一旦不小心摔倒后，手不能及时撑住地面保护身体，万一头部碰到隐藏在雪里凸起的石头，可能会造成头部受伤。为了身体健康，雪地中摔倒后，不要马上爬起来，应该进行以下初步的伤情判断后，再起来不迟。

1）判断有无骨折。这是非常重要的判断，一旦摔伤后，要迅速冷静下来，感觉一下全身是否有疼痛难忍的地方，感觉一下四肢是否有不听指挥的地方，左右转动一下头部，感觉是否有不灵活的地方。如果出现不好的感觉，就一定不要自己乱动，一定要向同伴求救，请他们帮忙救治。千万不要随意让帮忙的人随意抱、背、抬，以防止出现严重的骨折并发后果。有的人没有这方面的急救知识与经验，摔倒后觉得面子不好看，总是飞快地爬起来，假如没有骨折还好，要是一旦发生了骨折，后果很严重，也可能会造成终生的遗憾。

2）判断有无出血。判断出血可以说比较简单一些，当发现出血鲜红、量大且为喷发状时，说明是动脉血管出血，需要马上进行手压止血，并及时停止山区的一切活动，立刻去就近的医院处理。当出血为暗红，速度缓慢又较少时，说明是静脉血管出血，自行用一些常用的止血药即可。另外，由于冬天衣服穿得多，有时内部出血不容易感觉到，但也要认真地感觉，感觉体内发涩时就要留意了。

3）当发现关节扭伤后，如果是轻微扭伤，自己活动活动关节，就过去了。如果是重度扭伤，出现红肿胀、转动困难时，此时不要随意使扭伤的关节受力，要及时请同伴帮助加固处理，而后及时撤出山区，去医院治疗。

4）注意观察，不能忽视后遗症的发生。不慎摔倒在雪地上，特别是碰到头后，因为人的骨头较软，头与内脏器官"娇贵"，抗外部冲击、撞击的能力比较差，所以一旦猛然地摔倒，很容易造成伤害。如果不能得到正确的处理，很可能会造成终生的遗憾。正确的处置方法是仔细检查身体表面，看有无流血、血肿；看有无木刺、铁钉之类的东西扎在皮肤里。如果有情况应及时处理，然后张开口，请人帮助检查牙齿是否有松动，舌头有无破损或流血。接着自己做弯腰、直身动作，反复几次，看有无异常；同时蹲下、起立，看是否轻松、灵活、无疼痛，如果不能下蹲或起立，说明有问题，要仔细地检查，情况严重的话要及时终止山区活动，去医院治疗。

除做好上述检查外，应再重点地检查一下双眼，看有无外伤或其他的异情。最后还应再仔细观察 2~3 天，检查大、小便情况，如果大便有血或发黑，小便赤红或浑浊，说明内脏可能有问题，应尽早撤离山区，去医院治疗。此外，还应注意自己的饮食与睡眠情况有无异常。

另外，为了防止摔倒、坠崖、滚落，最好使用助力杆，多一个支撑点，就多一份安全保证。

（5）检查固定庇护所的安全，防止被大雪掩埋，及时清理大雪，留出通道。山区的大雪往往下起来没完，有时一夜能把低矮的庇护所掩埋、压塌，所以要认真检查庇护所周围的积雪情况，随时清理积雪，以免发生庇护所倒塌或被大雪掩埋的悲剧。

（6）保护好火种与火源，千万不能熄灭。山区遇到大雪天气，不能外出行动了，应该躲避在庇护所里（山洞、藏身洞、猫耳洞）等待，等待时，务必要看护好点燃的火种与火源，随时添加木柴，避免煤气中毒，防止火灾发生。

（7）提高警惕，严防野兽袭击。山区的大雪天气，动物都藏了起来，植物与果实几乎消失了，少数食肉野兽饿急了，会出来觅食。野兽的嗅觉非常好，往往在方圆几十里的范围内能闻到人的气味，需要预先做好防范。如庇护所四周的拦阻装置，自卫武器（木棍、刀子、斧子、石头、绳子等）。

（8）谨慎活动，预防雪盲症。山区遇到大雪天气，如果不注意对眼睛的防护，就可能引发雪盲症。为什么长时间在雪中会引发雪盲症呢？平时，太阳能够辐射出紫外线，紫外线的波长是 290~400 纳米。适量的紫外线照射对人体有益，但是过量、超强度的照射，就会对人体有害。进入山区的雪地里活动时，恰好赶在大雪过后且阳光充足的时间内，人在雪地里活动时间长，当阳光照到雪地上，紫外线反射到人的眼睛里，造成人的眼角膜和结膜损伤，就会出现不良症状。初期会感到双眼有异物感和轻度的不适，严重时会感到火烧般疼痛、流泪不止，再严重时会出现怕光的现象，甚至会造成眼底损伤。另外，长时间紫外线照射，除对眼睛有损害外，皮肤也会发生异常反应，可能会造成皮肤红肿、瘙痒、疼痛难以忍受，甚至出现水泡，还会诱发癌变。所以，在山区雪地里活动时，要对雪盲症予以足够的重视，不能掉以轻心。

1）预防为主。在雪地里活动，如果有强烈的阳光照射，重点要保护好眼睛。可以戴防护镜、墨镜，可以找一个帽檐很长的帽子遮挡一下紫外线，也可以制作简易遮帘，戴在头上，能起到很好的效果。

2）注意休息。山区的雪地里活动，不要总是看着表面上的雪，更不要长时间睁大眼睛看树、山顶、冰面、山坡的雪景，要经常闭闭眼睛，缓慢转动眼球，使眼睛得到适当的休息。活动间隙，可以用温水洗洗眼睛，使眼睛周围组织的血液循环畅通，使视神经得到休息。

3）终止活动，及时治疗。发现自己患了雪盲症以后，要停止山区雪地里的一切活动，应该及时休息，注意眼睛卫生，不要使眼睛劳累。要正确使用眼药水，及时把眼睛里的分泌物处理干净。如果眼睛周围瘙痒难受时，不要用手揉眼睛，以防止角膜溃疡、眼底感染，引发严重后果。如果发现眼睛疼痛加剧，或者视力下降，视物模糊，要立刻出山，去医院看医生，不能硬撑着。

遇险提示

山区遇到大雪天气，困难和危险程度往往加剧，千万不要麻痹大意，一切行动都要建立在安全的基础之上。牢记一点，在没有任何保护措施的情况下，活动时间绝对不能过长，更不能倒地睡觉，以防止冻伤，或不知不觉中冻死在雪地里。

15. 毒虫的侵袭

事件发生

初秋，某公司的几位喜欢采摘的女士进山采摘野酸枣，进入山区后，她们发现了很多野果子（大枣、山楂、柿子、海棠、酸枣、野葡萄等），玩嗨了。大家累了，坐在山坡休息时，有一位女士觉得采摘没过瘾，一个人进入幽深的山谷里继续采摘。

走了一会，她抬头一看，发现了一片碎石边有一棵长满红柿子的树，就跑过去采摘。突然，一阵钻心的疼痛，使她紧张起来。她感到小腿好象被什么东西咬了几口，仔细一看，原来是三只可恨的蝎子。由于没有经验，看着红肿的大疙瘩，只是喊痛，精神高度紧张，全身哆嗦，引发了先天性心脏病发作，昏倒在山谷里的柿子树下。等人们发现她时，已经没有了生命特征。

生存技能

进入山区活动，在乱石、山谷、岩石与杂草丛生的地域，很多地方都藏有毒虫，需要高度警觉，万万不可掉以轻心。一般情况下，遇到的毒虫是什么呢？

（1）蝎子。在山区广阔的地域中，特别是山谷中、碎石下、杂草里、洞穴周围，经常能碰见蝎子。蝎子通常生活在什么地方呢？蝎子的视觉器官很特殊，害怕见到光线，所以蝎子非常喜欢生活在阴暗潮湿的石头缝隙里、树根下、洞穴里和杂草中。蝎子的毒性很强，被蝎子蜇伤如果不立刻处理伤口，会有生命危险。一旦不小心被蝎子蜇伤后，由伤口处开始至全身，钻心似的疼痛，一般人难以忍受。外观上看，被蜇伤的中心点四周发红、肿胀，严重时发青紫色。处理不及时，会出现恶心、心慌、呕吐、发热、呼吸急促、烦躁不安，严重时还会出现呼吸困难，直至昏迷、死亡。一旦被蝎子蜇伤后，如何处理呢?

1）从容应对，镇定自若。看见蝎子或伤口，要保持良好的心态，慌而不乱，不能行为失控，随意跑动，盲目大声呼叫，以免造成毒液迅速扩散，危及生命。

2）正确处理，减轻伤害。要迅速用布条、绳子扎紧被蜇处的上方，以防被蝎毒污染的血液流入心脏。接着认真检查伤口，看有无毒刺在里面，如果有，应该马上去掉。同时要坚强面对，忍住剧烈疼痛，双手均匀用力，在伤口的外围用力向伤口中心方向挤压，直到挤出被污染的血水，对阻止毒液扩散与蔓延，减轻毒力有一定的效果。要反复地挤，不能轻易停止，直到挤出的血为鲜亮状为止。

3）记住几个民间偏方。民间有很多医治被蝎子蜇伤的偏方：①可以在伤口周围涂上一些浓肥皂水或碱水，如果当时没有浓肥皂水或碱水，可以找些草木灰，用水调均匀后，涂抹在伤口处，也可以减轻疼痛。②可以采摘草药七叶一枝花、毛果算盘子等捣烂，涂抹在伤口周围，能起到消炎止痛的作用。

4）预防最重要。在山区活动时，主要以预防为主。不要轻易坐在岩石缝隙边、杂草中、洞穴周围、枯树旁边，更不要随意躺卧在树根、灌木丛附近，不要在阴暗潮湿的岩石背面久留，不要随意翻碎石头、烂木头等。

（2）马蜂。山区的杂草与树林是马蜂的藏身之所，它们的窝常建在灌木丛里、树枝上、草丛里、岩洞里、山崖下，常见的毒蜂有胡蜂和排蜂等。马蜂一般不主动攻击人，但是一不小心惊扰了它们，它们就会出来蜇你。被马蜂蜇伤后，其尾部的毒针分泌出一种含有蚁酸的毒汁，伤口会立刻红肿，且感到火辣辣的剧烈疼痛，有时还有头昏、心慌、恶心、虚脱，甚至可能危及生命。如何预防被马蜂蜇呢？

1）进入山区时，要保持警惕，眼观六路，耳听八方，尽量不要接触马蜂窝。发现马蜂飞来飞去，远远躲避，不去招惹，更不能伤害马蜂。如果万一遭到马蜂的攻击，不要慌乱，更不能四处奔跑，应该冷静，迅速蹲下或趴下，并用衣服把身体罩起来。

2）正确处理，降低伤情。对被蜇的部位，应马上涂抹一些碱水（氨水的效果更好）、肥皂水，使酸碱中和，减弱毒性，可起到止痛的作用。如果当时有洋葱，洗净后切片在伤口上涂抹，效果也不错。

3）记住几个民间偏方。如果进入山区时，没有携带任何药品，可以自己采集草药，如紫花地丁、半边莲、七叶一枝花、毛果算盘子等捣烂，涂抹在伤口周围，能起到消炎止痛的作用。

（3）蜈蚣。蜈蚣、蛇、壁虎、蝎子、蟾蜍并称五毒，蜈蚣可以入药，具有息风镇痉，攻毒散结，通络止痛的功效。民间常把蜈蚣叫作百足虫、天龙，步足多，最多的步足达 750 对，样子恐怖。一旦被蜈蚣咬伤后，其毒腺分泌出大量毒液，进入人体血液中，疼痛感强烈，但是毒素轻微，不会致命。所以，不必过于惊恐。蜈蚣的样子很恐怖，突然爬到身体上，胆小的人容易受到惊吓。蜈蚣非常害怕日光，白天藏起来，夜间出来活动。山区的丘陵地带最常见，一般隐藏在岩石缝隙里、成堆的杂草、树叶堆底下，尤其是腐木阴暗的角落里最多。其活动猖獗期的季节是惊蛰到立秋之间，冬天潜伏在12厘米以下深厚的泥土里。如何预防蜈蚣咬伤呢？

1）系好鞋带，扎紧裤腿、袖口、领口。蜈蚣的钻缝能力极强，在山区活动时，不知什么时候蜈蚣就可能“盯”上你，所以预先把鞋带系紧，裤腿、袖口、领口扎紧，尤为重要。

2）尽量不靠近洞穴、阴暗的岩石与杂草丛生的地点。休息时，选择阳光充足、干燥的地方。

3）及时处理，减轻疼痛。被蜈蚣咬伤后，不会致命，不用恐慌。民间有很多医治被蜈蚣咬伤的偏方：①用白开水冲洗伤口，而后用3%的氨水继续清洗伤口，或用5%的碳酸氢钠溶液清洗伤口，可以减轻疼痛。②可以采摘蒲公英、松树叶、柳树叶等捣烂，涂抹在伤口周围，能起到降低疼痛的作用。③可以用唾液涂抹伤口，效果也不错。

（4）蚰蜒。有的地方把蚰蜒、蜈蚣、蛇、蝎子、蜘蛛列为五毒，蚰蜒与蜈蚣很相似，民间常把蚰蜒叫作钱串子、虾爬子、钻缝子，它的样子恐怖，一般它不会咬人，但蚰蜒一旦触及人体皮肤，皮肤可能会出现红肿、疱疹，有火辣辣的刺痛感，很不舒服。

蚰蜒善于钻孔，耳朵、鼻孔是蚰蜒的喜好之处，所以，保护好耳朵与鼻孔很重要。山区里阴暗潮湿的地域常能见到蚰蜒，一般隐藏在杂草、碎石与朽木里。如何防止被蚰蜒伤着呢?

1）进入山区前，要把鞋带系紧，裤腿、袖口、领口扎紧，尽量不留空隙，积极阻断蚰蜒的侵入。

2）休息时，最好不睡觉，远离洞穴、背阳的碎石与杂草丛生地域，尽量在阳光充足、通风、干燥的地方。耳朵最好堵塞东西，防止蚰蜒钻入。如果条件许可，可以戴上口罩。

3）药物驱散。进入山区杂草多的地方，在鞋、裤腿、裤子、袖口、上衣、帽子上喷洒一些驱虫剂，涂抹清凉油、花露水、白虎膏等，能有效防止蚰蜒侵入。

4）正确处理伤口，减少伤害。被蚰蜒伤着后，不会致命，不用恐慌。民间有很多医治被蚰蜒伤着的偏方，①白开水冲洗伤口，而后用3%的氨水继续清洗伤口，或用5%的碳酸氢钠溶液清洗伤口，可以减轻疼痛。②可以采摘蒲公英、松树叶、柳树叶、荠菜根茎叶等捣烂，涂抹在伤口周围，能起到减缓疼痛的作用。③可以用唾液涂抹伤口，效果也不错。④一旦蚰蜒钻进耳朵里，千万不要慌乱，可以用香油引诱它出来，或者用醋调制雄黄末滴耳，蚰蜒必死无疑。

（5）壁虎。壁虎的样子很可怕，但其实它很胆小，非常怕人，不会咬人。壁虎是蜥蜴的一种，有的地方把壁虎、蜈蚣、蛇、蝎子、蟾蜍列为五毒，有药用价值。民间常把壁虎叫作四脚蛇、爬墙虎、蝎虎、蝎了虎子等，壁虎爬岩石的能力特别强，能飞檐走壁，黏附能力强。壁虎最大的特点是断尾术，遇到危险时，自己主动断尾，分身逃跑。有人认为，壁虎断尾是为了恐吓入侵者。壁虎怕光，夜间出来活动，善于钻缝隙、爬岩石、爬树，在山区阴暗潮湿的地域常能见到壁虎，壁虎喜欢隐藏在杂草、碎石缝隙与朽木缝隙里。壁虎不伤害人，只要你不害怕它，就不会受到伤害。

遇险提示

山区活动时，看见各种毒虫不足为怪，只要保持镇定，预先做好防护工作，正确使用驱虫剂，穿好衣服，戴好帽子，不随意躺、坐、卧，一般不会有事。

16. 猛兽的偷袭

事件发生

刚刚退休的张老师喜欢做植物标本，布满红叶、野花、植物的秋天正是寻找标本材料的好时机。

一天，他背着行囊，带上工具进山了。在一处崎岖的峡谷中，发现一棵树上长满了红叶，他迫不及待地走上前，刚要采摘，忽然蹿出一条凶猛的野狗，凶残地要咬他。他吓得扭头就跑，摔倒了几次，小腿被野狗咬了几口，幸亏被几位进山拍照的年轻人发现，赶走了野狗，自己才得以解脱。

生存技能

山区的情况较为复杂，尤其是自人们开始重视保护野生动物以来，原始的山区里野生动物繁殖迅速、数量与种类剧增。一些野生动物攻击性很强，对人类的生命构成严重威胁，要谨慎进入，千万不可掉以轻心。根据以往的经验，山区可能遇到的猛兽有以下几种：

（1）野狗（流浪狗）。野狗（流浪狗）野性十足，生存能力极强，个头大，成年野狗（流浪狗）有 1 米多长、半米多高、犬牙锋利，咬合力惊人，能把动物骨头瞬间咬碎。它们有时群居、有时独行，常常隐藏在山区的某个洞穴里、古墓中、杂草丛生的灌木丛里，发现其他可食动物经过时，采取跟踪、追寻、突然跃起撕咬的手段，凶狠地攻击动物和人类。一旦被其追咬，伤情严重，后遗症大，甚至可能有生命危险。如何防范被野狗偷袭呢？

1）了解情况，心中有数。进入山区之前，应该在当地进行调查研究，询问熟悉情况的当地人，山区里有无野狗、流浪狗出没，有无野狗、流浪狗伤人事件等，预先准备工具、自卫武器，设计防范方案。

2）手中拿棍，保持警惕。进入山区后，遇到危险、复杂的地段、洞穴时，要认真观察，放慢脚步，看地面有无动物的毛发、粪便、爪印等，预有防范，才能临危不乱，避免被突然偷袭。

3）勇敢面对，正确自卫。遇到野狗、流浪狗的突然攻击，不能惊慌失措，立刻怒目圆睁，用棍子、拐棍、石头、包、刀或皮带迎战，边拦阻边后退，直至撤退至安全地域。民间传言，野狗、流浪狗能辨别出你的眼神，如果你眼神流露出恐惧、胆怯，野狗、流浪狗就会更加凶残、肆无忌惮地撕咬你。

4）重视伤情，分秒必争。万一被野狗、流浪狗咬伤，无论伤情如何，万万不能麻痹大意，立刻按照防治狂犬病的方法处理伤情，这是确保生命安全与健康的基本原则，不能掉以轻心。

（2）独狼。独狼个头大，性情暴烈，极其狡猾，牙齿锋利，善于潜伏与伪装，既能单独攻击，也能群体攻击，嗅觉极其灵敏，往往能悄无声息地跟踪你，直至你放松警惕，疏忽大意时，突然朝你的要害部位发起攻击，让你没有时间还手。如何防范被独狼偷袭呢？

1）主动询问，预有准备。当你决定进入山区时，要找一些熟悉山里的人了解情况，清楚山里是否有狼出现，有没有发生过伤人事件，而后做出相应的防御准备，如棍棒、刀斧、火种、绳索、鞭炮、报警装置、哨子、喇叭、信号弹、发令枪等。

2）留心观察，反应迅速。在山区里活动时，遇到独狼尾随、跟踪或伏击非常危险，稍微一走神，就可能受到致命的伤害。所以，要眼观六路，耳听八方，闻异常气味，预先发现独狼的蛛丝马迹，及早采取有效措施，如吹哨子、吹喇叭、发令枪、点火、信号弹等，把独狼吓跑。

3）防止身后攻击，不能轻敌。独狼的狡猾在于背后发起攻击，尤其是在你进入山路急转弯的位置、熟睡的时候、累得满头大汗喘气的时候、洞穴附近，它会从你的侧面向你的颈部咬去，所以，活动时要密切观察侧后方，常回头看看，就能及早发现独狼的踪迹。

（3）野猪。有些山区的植被好、生存环境好，野猪很多，野猪看似老实，其实很凶猛，它是杂食动物，跑起来的冲撞力很大，虽然野猪不轻易伤人，但是如果你无意中招惹了它、激怒了它，也会受到它的攻击，轻则被撞得人仰马翻，重则可能有被它啃吃的危险。如何防范被野猪偷袭呢？①注意观察，防止误撞野猪，惊扰野猪。山区活动不比平原，视野受到限制，野猪藏匿的地点很难被发现，如果莽撞地进入了野猪的领地，危险就可能来了。②尽量绕着走，不与野猪争抢道路、斗气。发现野猪的踪迹后，保持安静，不要大声喧哗，以免惊吓了野猪。③休息时，特别是身体虚弱时，坐卧地点要谨慎，务必远离野猪的活动范围，不要靠近野猪的窝。

（4）熊。熊也是杂食动物，看似憨厚，实则残暴，跑起来速度很快，一旦被熊攻击，后果非常严重。熊能游泳、能爬树、能爬山，有极强的耐力，遇到人的惊扰、侵害，可能有主动攻击的行为，要特别当心。如何防范被熊偷袭呢？①尽量躲避，不进入熊的领地。遇到熊宝宝，不要好奇去抱、玩，立刻远离。②保持安全距离，发现熊的踪迹后，在安静的状态下，立刻逃离。③休息时，注意闻异常气味，注意听脚步声与呼吸声，注意山体天然洞穴里的动静，发现异常，及时转移。④积极防御，不能坐以待毙。如果被熊追赶或与熊面对面遭遇，要急中生智，或转身逃跑，或使用鞭炮等有声器材吓走熊，或把食物扔下，丢卒保车。

（5）蟒蛇。蟒蛇的体型很大，最大的有 10 余米长，很恐怖，据说能轻而易举地吞食一头猪、一头鹿。在一些植被茂密、食物充足的山区里可能藏匿着蟒蛇，有些蟒蛇吃一次食物能很久不再进食，盘踞在巢穴里安静地休息。有些蟒蛇饥饿难耐时，会四处游荡寻找食物。进入山区，如何防范被蟒蛇偷袭呢？①走路要当心，最好手持木棍行走，要远离杂草丛生的灌木丛、阴暗潮湿的岩石缝隙、天然洞穴、朽木、古墓，这是蟒蛇喜欢盘踞的地方。②注意观察，特别是对脚下的情况要看清楚，因为蟒蛇的颜色与地表植物很相似，不容易辨别，万一踩上去，激怒了蟒蛇，很麻烦。③注意头顶情况，有些蟒蛇盘踞在悬空的岩石上面或侧面，也可能盘卷在树杈上、藤萝上，很难看清楚。一旦发现巨大蟒蛇，悄悄退后，快速离开。④不畏惧，想方设法摆脱蟒蛇的攻击。如果遭遇了巨蟒，要迅速离开，转身逃跑，逃跑的路线是 S 形，以缓解蟒蛇的追赶速度，同时使用驱虫剂喷洒，驱散蟒蛇。

（6）秃鹫。秃鹫喜欢食腐肉，翅膀扇动起来，利爪的冲击力、抓拉力、喙的撕咬力很大，对腐败的气味极其敏感，需要引起重视。当人进入山区，特别是受伤后，流血的气味，伤口感染化脓的气味可能引来秃鹫，务必要加以防范。①不要在秃鹫出没的地方久留，不要随意招惹秃鹫，更不要故意伤害秃鹫。②预先准备好驱虫剂，发现秃鹫攻击，立刻喷洒，驱散秃鹫。③受伤流血、伤口感染化脓、身体虚弱时，不能随便躺在野地里睡觉，要打起精神，最好钻进帐篷、安全的岩洞、藏身洞中，以防秃鹫偷袭。如果只能在野地休息，要点燃火，身边放置木棍、竹竿、石头、刀斧、拐棍、三脚架等，随时准备自卫。

（7）猴子。猴子生性活泼，四肢灵活，牙齿尖锐，善于攀爬树枝、岩石、绝壁，食物很杂，对人好奇、有好感，通常在树上栖息、玩耍，如何防范被猴子偷袭呢？

1）听声音，看树上、岩石上。进入山区后，树上的猴子一般很活跃，上蹿下跳，爬来爬去，特殊的叫声非常好辨别。岩石上的猴子喜欢动，抓虱子、挠痒痒、互相打斗、晒太阳，不善隐蔽，非常容易发现。

2）不招惹，保管好物品，快速离开。山区里的猴子胆子大，有时你不招惹它，它发现你的手上、包里有食物，也会主动蹿过来，抢夺你的食物。如果被惹急了，可能挠你、抓你、咬你，需要特别注意。休息时，远离猴群聚集的树下、岩石旁边，保持足够的安全距离。

3）给点甜头，不纠缠。如果被猴子围住、缠住，要立刻拿出食物，往远处投放，猴子必定去追寻食物，趁机逃离。

4）杀鸡给猴看。遇到猴子多的地域，边大声吆喝边拿起木棍、拐棍、刀子或竹竿，反复敲打能发出声音的东西，以此震慑猴子。

（8）大象。大象体态庞大，行走缓慢，喜欢吃粮食、新鲜植物、果子等，往往看着可爱，可是发起脾气来，横冲直撞，无所不及。遇到人的惊扰与侵害，会主动攻击，要特别当心。如何防范大象的攻击呢？①保持安静，立刻躲避。进入山区遇到大象后，不要呼喊、追逐，更不能主动攻击，应保持安全距离，错开道路，渐行渐远。②机智灵活，安全逃生。遇到大象追击，不能呆若木鸡，应立刻往高处跑，或跑S形线路，迟滞大象的追击速度。③遇到掉队的大象宝宝，不要过于亲密，要保持距离，以免因为误会遭到大象妈妈的攻击。

遇险提示

山区生活的野兽狡猾、凶猛、暴躁，人员进入后，其实就是侵入了野兽的生存领地，务必做好充足的准备，多准备一些顺手的防护工具、武器、器材，对野兽有驱除作用的药物等。

17. 寻找水

事件发生

“十一”长假期间，几个年轻人徒步穿越一座高山，实现少年时代的梦想。由于群山连绵、植被多，山谷交叉口多，不小心走错了路，在山里钻来钻去，七转八拐地走了 2 天也没有出来。携带的水早就喝光了，渴得难受，其中的一位青年已经渴得出现了生理反应。危急时刻，一位青年发现在山谷的岩石后面钻出一只青蛙，顿时喜出望外，边跑边大声喊：“有水了……”

其他人跟着他跑到青蛙钻出的岩石后面，果然发现了一个脸盆大小的、清澈的水潭。

生存技能

（1）认识水的重要性。没有水就没有生命，山区里活动消耗体力大，体内水分损失多，如果再把水喝光了，无法继续补充水，问题就严重了。假如断水几天还找不到水，每天人体内代谢消耗掉一定数量的水，出现了只出水不进水的情况，几天后人就有可能被渴死。

（2）开动脑筋，仔细想，水就在附近。俗话说：“有山的地方就有水；山有多高，水有多高。”绵延不断的山区虽然岩石多，地表干燥，地质坚硬，但只要发现藏水的规律，根据水的自然特性——“水往低处流”。只要顺着山脊线找到山谷，再找到两山汇合的夹角处的最洼点，一般下面就可能藏着水。

（3）睁大眼睛，耐心寻找，功夫不负有心人。山区里不放弃任何一处岩石缝隙、岩洞。一般情况下，山体底部岩石缝隙、岩洞里可能有水，寻找时，要顺着山谷一侧逐渐寻找，不能急躁。如果意外在山谷里、山崖、山洞周围发现了甲鱼、青蛙、蟾蜍，水源就暴露了。如果发现了大量蚂蚁，水可能就在附近。冬天，背阴处的岩石边可能藏有残雪或冰。

（4）耳朵也能发现水。山区地质结构复杂，地表坚硬，水一般不在明面，要利用耳朵听，很快就能发现水的藏身之地。如果听见青蛙叫、蟾蜍叫、野鸭子叫、野牛叫、野马叫、野驴叫、大象叫，顺着叫声走过去，就可能会发现水。如果遇到潮湿、长满苔藓的岩石，侧耳听一听，可能有地下水。

（5）抬头看，要相信水会从天上掉下来。有些山区里山谷纵横，交叉点多，植被多，断水后，寻找无果，也不要着急，可以仰望天空，兴许能发现水的踪迹。如果发现空中有大量蜻蜓、蚊子、燕子、鸟飞来飞去，水源可能就在附近。如果发现有乌云飘来，可能要下雨。冬天，下雪了，水的问题就解决了。

（6）植物与野果子也是储水器。山区里的很多植物都有储水的功能，有一种竹子，竹节里能存储数升水，如果发现竹子，砍断后，自然有水流出。一些多肉植物、芭蕉树、仙人掌、野酸枣、椰子、棠梨、山荆子、黑醋栗、榆树叶、柳树叶、嫩竹叶里含有水。清晨，一些草叶、树叶上、岩石上、苔藓，可能存有露水，不要嫌少，有时一点水也能保命。有的山崖与山谷最底部的苔藓与海绵相似，用力挤压，很快就出水。收集起来，积少成多，难得宝贵。

（7）遍地的野菜里也有水。有的山区环境好，植物茂密，杂草、野草遍地都是，只要仔细寻找、认真辨别。如荠菜、猪毛菜、鸦葱、地马菜、扫帚菜、山土豆、曲曲菜等。

（8）判断能否直接饮用。山区发现水以后，应根据水的颜色、清澈程度、味道判断能不能直接喝，如果是山泉水、流动的水，干净、无味，在没有消毒工具、器皿、火源的情况下，少量慢慢喝，应该问题不大。如果水有异味、颜色浑浊，水源四周有动物粪便、脚印、毛发、动物尸体等，不能直接饮用，必须煮沸后再喝。如果水源周围有动物饮水，水里有小鱼、小虾游动，说明水源没有大问题。

1）直接煮沸消毒。如果有火源与耐火的器皿（瓷、陶、铁、铝、铜、银、钢），首先制作简易三角形灶台或三角形烤火架，而后找来易燃物品（干树、干草、干竹子、干藤萝与其他易燃植物等），点火燃烧，把水烧开。水在 100℃时，一般致病微生物便不存在了。煮沸的时间应不少于 5 分钟。

2）间接煮沸消毒。如果没有耐火的器皿，只有塑料容器，可以在火堆里加热鹅卵石，把烧热的鹅卵石放入储水的塑料容器里，水瞬间沸腾，反复数次，直到水滚开。

遇险提示

山区断水是很危险的事，再危险、再困难也不能放弃，要眼观六路，耳听八方，积极寻找，不难发现水的蛛丝马迹。

18. 寻找食物

事件发生

秋天，山区的景色宜人，果实累累，红叶染红山峦。刚刚退休的徐老师进山寻找喜欢的树根子，由于太想找到造型好的树根，竟然连续翻越了几座高山，进入了一片碎石杂乱、植被杂生、藤萝密布的山谷里。他意外发现了几棵枯死的崖柏、榆树根、酸枣树根，喜出望外，挖掘了数小时才完成任务，抬头一看，天色已晚，太阳落山，山谷很快黑下来了。他抹黑寻找出口，越走越远，最后迷路了。在山区里被困了3天，饿得已经没有任何力气了，昏迷过去。

当地一位护林员巡山时，意外发现奄奄一息的徐老师，及时救助了他。后来，护理员告诉他，食物就在山谷里，应该学会寻找食物，就不会饿晕了。徐老师看着遍地的“食物”，感到自己掌握的野外生存知识少得可怜。

生存技能

(1) 认识食物的重要性。维持人体生命正常代谢与运转的最基本物质就是食物，食物中有蛋白质、维生素、水，都是人体必需的物质。在山区吃光了自带的食物，进入断粮状态，维持正常生命的基础代谢出了问题就非常危险。所以，必须学会寻找食物，以补充人体所需。根据测定，人体主要含水分55%~67%，蛋白质15%~18%，脂类10%~15%，无机盐3%~4%，糖类1%~2%，还有少量维持生命所必需的其他有机物。这些物质再加上维生素，就是人体必需的营养素，它们主要是从食物中取得的。一般情况下，成年人一天所需要的蛋白质为90~120克，热量1440~4000千卡，无机盐与各种维生素也是不能缺少的。如果这些维持生命最基本的物质长时间摄入不足，就会造成体内营养物质失衡，新陈代谢异常，器官出现衰竭、病变，导致人生病、虚弱乃至死亡。因此，在山区吃光了食物，饿得难受不是一件小事，这是关乎生命安全的大事，要千方百计地寻找各种天然食物，以维持生命基础代谢所需。

(2) 想想野人，食物就在眼前。俗话说："山中有宝，看你会不会找、会不会吃、会不会识。"如果你在山区活动，吃光了自带的食物，饿得难受了，保持镇定，闭目养神，回忆野人、古人、原始人怎么生活在山区里，他们吃什么呢？一定是以下几种食物：

1）能吃的小动物。广袤的山区是动物的天堂，要有保护野生动物的意识，遵纪守法，不能随意捕杀野生动物，如果断粮了，饿得难受，为了生存，为了让生命得以延续，一些常见的小动物可以暂时当成你的口粮。如野兔、鼠、蚂蚱、蛇、刺猬、野猪、蚯蚓、野鸽子、麻雀、蚕、山鸡、地蚕蛹、蝉、蜻蜓、螳螂、鸟蛋、壁虎、蜜蜂与蜂蜜、竹鼠、竹虫等。

2）能吃的野菜。山区野菜多，常见的野菜品种多达100余种，只要认真寻找，一般很容易找到。野菜生长力顽强，一般不受地域限制，山坡上、岩石缝隙里、山谷中、石崖下、杂草中、枯木周围都会有野菜的踪迹。山区的野菜自然生长，属于纯天然、纯绿色食物，不仅好吃，而且营养丰富，有的野菜还有防病治病的功能。常见的野菜是七七菜、苦苣菜、苦地丁、地马菜、毛儿菜、荠菜、猪毛菜、鸦葱、黄花菜。

3）能吃的含淀粉植物类。山区是植物的王国，很多含有淀粉的植物藏匿于其中，需要耐心、仔细寻找。常见的是山地瓜、山土豆、人参果、荭草、兔耳草、白茅、龙爪芽、马塘、狗尾草、节蓼猪尾巴菜等。

4）能吃的野果子。如野栗子、野大枣、棠梨、山楂、山荆子、黑醋栗、酸枣、野核桃、野桃子、野柿子、野苹果、野葡萄、野桑葚、野枸杞、野人参果、向日葵等。

5）能吃的树与竹。山区树木多，杂草丛生，有些树就是天然的粮仓。如榆树、柳树叶、香椿芽、槐树花、嫩竹叶、竹笋、茶树等。

6）能吃的菌类。山区的某些特殊地域生长着许多菌类食物，是大自然赏赐给人类的天然食品。目前，世界范围内大约有数千种可食用的菌类。菌类的营养价值高，有的菌类还有药用价值。如羊肚菌、发菜、地木耳、草菇、木耳、银耳、猴头菇、“青蛙皮”、松茸等。山区活动，必须耐心寻找，才能发现隐藏起来的菌类。

（3）判断食物有毒无毒。山区发现食物以后，如果以前没有吃过、见过，心里没底，不能马上食用，要认真辨别食物有无毒。山区自然生长的食材比较多，有些食材某些部位有毒，有些食材必须经过科学加工才能去毒，务必要提高警惕，认真鉴别。如一些动物的甲状腺有毒、一些动物的肾上腺有毒、一些动物的肝脏有毒、未经过科学加工的木薯有毒、发芽的马铃薯在其芽点周围含有毒素、鲜黄花菜中含毒、毒蘑菇大约有 100 余种、未加工的银杏有毒、被污染的蜂蜜有毒、未经过科学加工的大麻籽有毒、一些死亡动物尸体有毒等。

（4）预防食物中毒。山区有许多天然的水、雪、冰、苔藓、野果、野菜、野蘑菇、野兽、昆虫、树叶、树皮、树根等，在没有其他食物来源时，不得已必须喝天然的水，吃野生食物，以维持生命代谢所需。山区的天然食材虽好，但卫生条件差，特别是炎热的夏季，食材本身卫生质量难以保证，捕捉或采摘、挖掘出来后，保管不科学，很容易腐败变质。如果食材消毒不彻底，误食后就会中毒。另外，有的野菜、菌类、动物肉、昆虫、野果、树叶、树皮、树根上可能被带有病菌的昆虫传播上病菌，如果消毒不及时、彻底，同样会引起食物中毒。引发食物中毒的病菌主要有沙门氏细菌、金黄色葡萄球菌、大肠杆菌、黄曲霉素等。

1）误食引起中毒的食材。如毒蘑菇、木薯、野山葱、毒扁斗与含氢氰酸多的果实、核都含有很厉害的毒素，误食后均会引起中毒，出现腹痛、上吐下泻、高热、脱水，严重时会死亡。

2）误食了被剧毒、农药、重金属、有毒的化学制剂、动物粪便等污染的食材，也会中毒。

3）中毒后的发病特征。一般情况下，误食有毒食材后，在数小时之内即可发病，轻者是腹部不适、恶心、呕吐、头昏、头痛、腹泻等，重者畏寒、高热、抽风、昏迷、休克，如果抢救不及时，就会死亡。

4）预防食物中毒的措施。一是对于不熟悉的野菜、果子、野草、树叶、树皮、树根不要随意采摘、咀嚼吞咽。二是不能捕杀动物，更不能轻易屠宰、食用。三是发现水源后，如果没有彻底弄清楚是否卫生之前，不能随意饮用，务必煮沸后再饮用。四是所吃食物一定要煮熟、烤熟、烧熟、蒸熟，务必把细菌杀死再吃。食品在加工过程中，要科学保管，防止被苍蝇、老鼠、毒虫污染，变质的食物要扔掉，以防中毒。五是认真消毒，细心保管。使用的餐具、器具应洗干净，煮沸消毒或晾晒在太阳光下消毒，放在安全地方，科学保管。

（5）防止维生素缺乏症发生。正常情况下，人体所需的维生素将近 20 种（A、B、C、D、E、K 等），缺少了其中的任何一种对人体都有危害。维生素 C 对保持毛细血管的健康有重要作用，它对预防维生素 C 缺乏病有着特殊的功效。缺乏时，人体的免疫能力就会下降，发生维生素 C 缺乏病。维生素 B 是生物氧化、能量代谢过程中的一种酶的组成成分，缺乏时，皮肤就会溃烂，出现炎症。人体缺乏维生素 A 后，视紫质无法形成，所以在暗中就看不见东西了。所以，在山区一旦出现断粮的问题，要有急迫感，积极寻找，不能坐以待毙。由于山区食材有限，得到不是一件容易的事，食物没有固定来源，营养几乎无法保证，所以要尽可能多吃杂食，不要挑三拣四。

（6）食材的食用方法。

1）最安全的方式——烧、烤、煮、炖、蒸。捕捉的小动物要加工清洗，而后借助火源与耐火的器皿（瓷、陶、铁、铝、铜、银、钢），烧、烤、煮、炖、蒸后食用，安全可靠。一些野菜、野果带有苦涩、微毒，需要煮开加工后吃。如果食材多，可以储存起来，晾晒后，携带身上，随时食用。

2）最直接的方式——咀嚼吞咽。如果发现安全放心的野果子、野菜、昆虫、肉、树叶、树皮等，紧急情况下，可以直接咀嚼吞咽。食用时，不宜过多，少量多次食用，以防发生意外。

遇险提示

山区断粮是一件很严重的事，不能掉以轻心，要积极适应恶劣的山区环境，勇敢地吃以前看都不敢看的“食物”，以保证体内所需要的营养物质。

19. 发送 SOS 求救信号

事件发生

秋天，喜欢逗蛐蛐的张师傅进山捉蛐蛐，夜间在山里的一条蛐蛐多的山谷里遇到了塌方，被迫绕道行走，不幸迷失了方向，几天的山区盲目行走，水粮都断了，身体极度虚弱，甚至出现了轻生的念头。

第五天的夜里，繁星闪耀，他躺卧在山顶的杂草边，忽然看见了很多萤火虫，喜出望外，顿时有了主意。挣扎着，使出了最后的力气，点燃了一堆火。数十公里都能看见火光，引来了护理员，提供了食物、水、药物，使其安全脱险。

生存技能

（1）认识发送 SOS 的必要性。山区遇到危险后千万别慌张，特别是迷失方向、受伤、断粮、断水后，更要保持镇定，深思熟虑后，正确行动，才能生存下来。其中一个很重要的事情务必要做好——发送求救信号，及时引来救援人员。

（2）发送的方式。发送 SOS 信号听起来简单容易，但是在山区里，在条件不具备的情况下，在身体受伤的情况下就很困难了。一般情况下，发送方式有以下几种：

1）火。在安全的范围内，不会引发山火蔓延的前提下，立刻在制高点燃起火堆，不断添加易燃物、发烟物、发声物，如树木、动物皮毛、草、藤萝、竹子等，夜间火焰能被数十公里范围内的人员发现。燃烧的竹节爆炸时，发出的响声传播得很远。

2）标记物。如果没有火种，无法点火发送 SOS 信号，可以在明显地点，设置标记物，引来救援人员。如树枝上挂衣服、帽子，山顶摆放特殊的石头，书写文字与 SOS 字母等。

3）利用自然的山风邮寄求救信。如果山顶有风，随身携带有笔纸，立刻写数封、数十封、数百封求救信，内容是被困的详细位置、被困的人数、目前的身体健康情况、断粮断水情况、被困的地形与地质情况、急需的物资等，万一求救信被人发现，很容易找到你的位置，携带你所需要的物品与药物。

4）流动的求救信号。山区遇到危险，一般情况下，只要能走就不要在原地等待。所以，边走边发送流动的求救信号，做法是在前进的道路上，每间隔 10 米选择一处明显的地标地物，写字或刻画箭头，为身后的救援人员指路。如果条件允许，应该写姓名、年龄、性别、身体情况、携带食品情况、饮用水情况、有无同行者、通过此地的日期与前进方向等。

5）制作漂流瓶。如果山边有河流，随身携带着瓶子、塑料袋、特质防水袋，立刻写信，放入其中，密封好，放入水中，任凭其流走。如果你携带着刀子，山上又有可以利用的树、竹、葫芦、叶子、动物皮等，可以在上面刻求救信，放入河水中漂走。

6）借助动物帮助发送求救信号。如果在山上发现了蜂蜜、蚂蚁，在山顶的平坦处或山体的明显处，用蜂蜜写上 SOS，蚂蚁喜欢吃甜食，不由自主地爬来吃蜂蜜，无形中无数蚂蚁帮助你写出了黑色的 SOS 三个字母，非常容易被空中搜寻人员发现。夜间，一些鸟藏在岩石下面、杂草里、树枝上，你采取各种手段，故意惊动鸟飞起，可以引来救援人员。

7）借助太阳光反射求救光线。如果你携带镜子、望远镜、眼镜、玻璃，白天有太阳时，选择太阳照射的角度，把反射物放置在山体明显的位置，不断地向外反射光线，引来救援人员。

8）科学使用手电求救。山区的夜间，如果你手中有手电的话，是一件幸运的事。观察山体情况，选择最好的时间、地点，三次连续闪光，引导救援人员到达你所在的位置。注意节约用电，不要随意乱用。

9）提高警惕，密切观察，主动发现救援人员的信号。山区遇到危险被困，不要只顾害怕与睡觉，不要沮丧哭泣，更不要自我放弃，要有信心生存下去，务必要找一个便于观察的位置，仔细寻找远处灯光、烟雾，认真听各种响声、喊声，发现上述情况，就是你求生的方向。

10）巧妙地把声音传递出去。①高声呼喊，引来救援人员。呼喊不能盲目呼喊，要节省体力，认为应该呼喊时再呼喊。②用竹筒、空心树制作简易喇叭，声音大而且传递得远。③使用制式的哨子，或特殊的树叶当哨子，声音尖锐，容易辨别。④敲打物体，如岩石、树干、金属物体等，让声音发散出去。

11）综合发送、不断发送，被发现的概率高。山区遇到危险被困后，向外发出求救信号时不能使用单一的方法。因为山区地形复杂、环境恶劣，救援人员很难发现你的具体位置，有时距离很近，但是双方可能擦肩而过，就是发现不了。因此，只要条件许可，就应该利用各种方式不断发送。求救信号多数可能会失败，有的可能在半途中“丢失”，这样就更需要你反复发送，千万不要放弃生存的希望。有时身体极度虚弱，没有其他办法发出联络信号，当感到有人接近时，也要用力敲击木头，摇晃小树、杂草，拍打岩石，使声音尽可能地传出去。

遇险提示

发送求救信号，要有耐心，积极等待，而不是消极等待。不要悲观失望，自我放弃，因为越是到了最后，坚持得越久就越有希望。

二、丛林遇险的生存技能

1. 了解丛林的特点，评估危险等级

走进丛林

我国地域辽阔，各种季节气候并存，由于大力发展植树造林，特别是开展“植树节”活动以来，森林面积逐年增加。虽然对比总体国土面积，森林面积仍小，但是丛林密布的地域却很多，而且有些丛林地区闻名遐迩，令人向往。

著名的丛林地区有东北地区大、小兴安岭、长白山地、西南地区的横断山脉、东南地区的丘陵地带、西南地区的云贵山区等。

气候特点

由于丛林植被茂密，日照充足，导致大量水蒸气上升，局部凝结成云雨，从而降雨频繁。又由于丛林连绵不断、高低不同的植物叶子遮挡着阳光，土壤蒸发水分慢，土壤吸收水分量大，树根扎入地下，交叉折叠，保护了土地结构，避免了水土流失，形成了独特的森林气候特点。

（1）由于植物的遮挡、吸收，人在丛林里活动感觉不到

太阳光的强烈照射，所以辐射剂量小，感觉很舒适。

（2）由于树木的保护，天然的空调机，丛林里的温度与湿度，昼夜变化不大。

（3）由于林木的遮挡与阻断，丛林的风速小，交叉的乱流也不强，让人感觉很舒适。

（4）局部降雨多，雨量小，分布均匀。森林里空气中的含水量大，夜间降温后，树叶上会凝聚成水滴，逐渐落下，出现丛林夜雨的奇观。日出后，气温回升，夜雨停止。

（5）风沙小、尘土少、微生物致病细菌少、噪声低、雾气多，空气中负氧离子含量高。森林其实是一个天然的、巨大的空气净化器，植物的光合作用能吸收二氧化碳，释放出氧气。由于一些植物能分泌出杀菌素，所以能把空气中的多数致病细菌杀死。植物纵横交错，能有效阻挡与降低噪声。

评估危险等级

（1）安全出行级别。气象预报连续 7 天比较平稳，没有异常变化；连续 1 个月没有发生重大自然灾害；近期丛林里没有发生火灾、虫灾、病灾，植物与地表没有改变与破坏；有人员、动物存在或正常的活动迹象；丛林里没有疫情发生，没有放射性污染情况通报，水源、食物安全，没有异常；没有凶猛野兽出没，没有关于野兽伤人的预警通报；没有军事演习及其他工程建设；没有重大刑事案件；没有恐怖事件发生等。

(2) 轻度危险级别。气象预报天气变化大，雨、雪、风、气温异常，植被生长正常，地表潮湿、泥泞，但是能在人们承受的范围之内；自然灾害发生的频率慢、强度低，丛林里有零星火灾，但是已经被扑灭，只要认真计划安排，有预案，对人的安全不会构成威胁；疫情属于地方流行的常见、季节病等，可以预先采取预防措施，不会对生命健康构成危害；水源与食物，经过加工、消毒、处理，可以安全食用；有大型动物出没，但是只要防范措施得力，不会构成被侵害的目标；军事演习与工程建设进行中，但是不戒严、不限行、不扣留，不会影响整体出行安排；有一般性的刑事案件，没有恐怖事件发生。

(3) 重度危险级别。气象预报天气变化异常，雨、雪、风来袭，地表积水，沼泽连连，不在人们承受的范围之内；自然灾害发生剧烈、强度大、损坏面广，丛林里火灾严重，范围广，对人的安全直接构成严重威胁；疫情与季节病严重，对进入该地区的人们的生命健康构成危害；水源与食物污染严重，不能安全食用；有大型凶猛动物出没，人们已经成被侵害的目标；有严重的刑事案件发生，持续不断发生着恐怖事件；军事演习与工程建设进行中，属于保密级别，严重影响出行安排。

遇险提示

丛林里一方面表现出的是山清水秀，空气新鲜，气候温和；另一方面也存在猛兽、毒虫、沼泽、泥石流等危险，令人防不胜防，需要时刻警惕。

2. 确定前进方向

事件发生

深秋，一对夫妻进入丛林采摘蘑菇，忽然遇到了雷阵雨，两人躲避雨时，钻进了一条丛林茂密的山谷崖石下避雨，大雨持续不断，到了晚上才停止。由于着急赶路，两人在丛林里艰难地行走了一夜，早晨还是回到了原处。此时，由于大雨导致了山洪，冲毁了山谷的出口，无法通行了。他们打算在丛林里绕道返回，结果绕了一天，还是回到了原处。两天过去了，口粮没有了，饥渴难耐，全身发冷，此时他们已经极度疲倦，望着堵塞的山口，仰天长叹，认为遇到了“鬼打墙”，准备放弃求生了。几位护理员巡山，发现了他们，带他们走出了丛林，安全回到家。

生存技能

(1) 避免“鬼打墙”发生，采取“三点一线加标记线”

法前进。丛林里行走与山地行走区别很大，山地一览众山小，通视效果好，而丛林里高大植被多，竹子多，藤萝多，灌木、杂草与野花多，各种植物混杂在一起，不容易看出去。而且，丛林里植被生长没有规律，没有现成的道路，一般不容易留下脚印，参照物相似，地标也不明显，经常走绕圈路，也就是人们常说的遇到了“鬼打墙”。其实，丛林里并没有“鬼”，只要你掌握了行走技巧，随时调整行走路线，很快就能走出去。一般情况下，可以采取“三点一线加标记线”法行走。尽量往前望，分别选取三个明显的地标（树、独立石、土丘、枯木、粗竹子等），在远点选一个地标，中间选一个地标，眼前大约 10 米一个地标，三个地标点连接在一条直线上，用工具在地标明显的部位刻画符号或箭头，标示出前进方向，依次循环下去，就不会出现“鬼打墙”现象了。

（2）勤判定方向，尽量不犯错误。丛林活动时，迷路的可能性比较大，为了保险，应该走一段，确认一次东南西北，保证不出现方向性错误。要时刻牢记，丛林危险重重，一步走错，可能会铸成大错，终身悔恨。判定方向的基本原则是复合判断，不厌其烦。如果预先带有制式指北针，灵活方便，精确度高。如果没有携带指北针，只能借助地物、地貌与植物进行判断了。

借助植物：丛林的一些植物是天然的指南针，可以根据植物的生长情况判断。如向日葵通常朝东南方向；狗尾草的顶端一般朝南方弯曲；很多高大的树一般朝东南方向倾斜；树的横截面有明显的年轮，年轮间隔距离大的是南方，年轮间隔距离小的是北方。树皮是最明显的方向标，整洁光滑的一面，一般指向东南方；粗糙黯淡的一面，一般指向北方。

借助动物：丛林里植物多，有时影响视线，无法看出去，有些地方你的方向感几乎是乱的。此时，不要害怕紧张，也不要着急，可以向动物询找方向。蹲下身子，仔细寻找蚂蚁窝，一般情况下，蚂蚁窝的开口方向朝南。观察树上鸟窝的开口方向，通常情况下，建筑在树顶枝杈上的喜鹊巢开口朝向东。秋天，透过丛林的遮蔽物，看天空飞行的大雁，秋天大雁排成整齐的队伍朝南飞；春季一般大雁排成整齐的队伍朝北飞。观察地表、岩石缝隙、杂草堆，隐藏在洞里的蝎子也有方向感，一般洞口朝北。如果发现了蜂巢，也要仔细观察巢的体表，表面凸起的部位一般朝东南。观察地鼠洞堆积的土与杂物，多的一侧是北方，少的一方是南方。

借助地物：丛林里的地物能暗示方向，观察杂草落叶堆积点，挖开一个 30 厘米的深口，观察里面的干湿情况，相对干燥的一侧是东南方，潮湿霉烂严重的一侧是西北方。

借助地貌：选择一处能望出去的制高点，缓慢转身一圈，仔细观察地貌情况，植物生长茂密、绿油油的区域，一般暗示着东南方；植物低矮、枯萎的区域，一般暗示着西北方。

（3）寻找地上人工建筑与设施，这是最简单、最实用、最可靠的方法。正常情况下，如果不是极其遥远、人迹罕见的原始丛林，只要耐心寻找，一般能发现人为的痕迹。如高压电线输电塔、护林瞭望塔、电信号转发塔、久远的伐木痕迹、久远的战壕阵地、小型水利设施等，这些人工设施，就是最可靠的方向标。

（4）根据丛林与地势的自然走向，确定前进方向。在丛林活动时，如果因为客观原因无法准确判断前进方向，可以采取顺其自然行走法前进。依据丛林树木与低矮植被的稀疏、高低走势前进。一般情况下，可以选择树木与低矮植被稀疏、越来越少的地域前进，就能逐渐走出丛林。

（5）夜间方向判定的方法，活动时遇到的危险经常是一个接一个。夜间的丛林里十分危险，①看不清道路；②找准方向非常困难；③容易迷路。所以，尽量不外出活动，万不得已需要活动时，应该有良好的照明器材或自制照亮火源，几步之内，就要刻画前进符号，谨慎慢行。

1）判读方向主要利用天空的北斗七星，仰望天空，准确找到北极星，确定出东南西北。

2）克服恐惧，不能被吓晕了。夜间的丛林里是极其恐怖的。夜幕降临后，漆黑的树木、竹林，低矮的灌木丛，交织在一起的藤萝，伴随着阵阵寒意，往往容易让人产生幻觉。尤其是很多昼潜夜出的动物开始行动了，猫头鹰、蝙蝠、老鼠、蚊子、蜘蛛、蝎子、狐狸、野狗、蜈蚣、青蛙、蟾蜍等出来觅食，十分活跃。一些动物为了交配、捕食、抢占地盘，怪叫、尖叫、惊叫、吼叫，震耳欲聋，让人心惊胆战。一些动物的眼睛冒着绿光，直愣愣地盯着你。一些吸血的毒虫会不失时机地向你攻击。一些喜欢偷袭的野兽可能会突然地蹿出来拦住你的去路，令你措手不及，惊吓连连。所以，丛林里需要高度警觉，前进方向马虎不得，一旦偏离主线，将会越走越远，最终使你陷入茫茫的林海里，遭受毒虫猛兽的攻击可能性很大，后果不堪设想。所以，夜间活动时，迈出第一步的方向很重要。

遇险提示

丛林里确定前进方向复杂，难度大，需要耐心细致，不能急躁，更不能带着“情绪”行走。

3. 警惕隐藏的毒虫攻击

事件发生

周末，独身多年的张女士参加了公司工会组织的自助游活动，20多人统一着装、帽子、行囊进入了丛林里。她第一次参加集体野外活动，很是兴奋，脸上露出了少有的微笑。休息时，大家各自“方便”，男左女右分开解决问题。她独身惯了，有人无法“方便”，只好往丛林深处走，来到一处茂密的低矮植物圈里，蹲下去“方便”，感觉裤腿里有东西蠕动，火辣辣的痛，急忙查看，原来是一条毛毛虫，吓得她当即心脏病犯了。同事多时不见她回来，急忙寻找，发现她已昏迷过去了，马上进行心肺复苏，捡回了一条命。苏醒后，她后悔地说，以后不能贸然进入丛林深处。

生存技能

（1）预有防备，积极应对。丛林里植被多、环境好、食物多，是各种毒虫生活的“乐园”。很多毒虫为了自保，不被天敌吃掉，胆子小、伪装藏身的水平高，杂草里、土地里、石头下、岩石缝隙里、树上、树下、树皮、树洞里都有毒虫的影子，毒虫确实是无处不在、无处不存。要明白你活动的周围，可能会突然出现隐藏的毛毛虫、织网的毒蜘蛛、肆虐的蚊子、黑心的蝎子、猖狂的毒蚂蚁、五毒俱全的蚰蜒与蜈蚣、恐怖的毒蜂和随时准备发动攻击的旱蚂蟥等。所以，丛林里活动不能有一丝一毫的疏忽大意，如果放松了警惕性，就有可能受到毒虫的“侵犯”。

（2）心理准备必不可少。当人遇到危险后，排除非暴力的因素，其实最大的危险还是你自己心理素质问题。丛林里遇到不可预见的特殊情况多，很容易被突然出现在你眼前的毒虫的样子吓着了，如果没有心理准备，受到强烈的刺激后，一旦超过人的承受极限时，就会出现思维混乱，甚至造成精神崩溃，从而导致大脑失去意识控制，使人不能自主，最终发生严重的后果。因此，当遇到危险后应该想办法克服恐惧心理，调整好自己的心态，保持良好的情绪和敏捷的思维。在心理上首先不要被危险、困难吓倒，更不能失去理智。遇到毒虫攻击时，心里始终有这样一个想法：没有事情，肯定能活着，人还能怕毒虫吗？没有什么可怕的。有了这种心理，才能化险为夷，转危为安。要深刻地认识到，在丛林里遇险，如果人的心理崩溃了，行为就会失常，面对危险，无法做出及时、正确的判断，生命安全可以说无法保证了。因此，平时应该有意识地进行适应性训练和心理素质的训练，多看、多听、多观察各种毒虫的生活习性与样子，消除恐惧感，逐渐培养人的意志力，让自己胆子大起来，这对于丛林里的生存与安全意义重大。

（3）防护要细致，不给毒虫偷袭与攻击的机会。进入丛林前，务必要整理好防护衣服，重点是帽子、眼镜、口罩、围脖、领口、袖口、裤口、袜子与鞋口，最好在帽子、衣服、鞋子、手套、袜子上涂抹驱虫剂。要预先准备好应急的自卫武器，如棍子、网子、拍子、石头、刀子等，及时发现，尽量躲避，实在无法躲避，果断采取防御手段，以攻为守。

（4）牢记丛林里活动的“五不”原则。一不乱走动，谨慎进入阴暗潮湿的地域；二不乱坐卧躺靠，始终处于相对安全的位置；三不乱翻找，远离枯木、岩石、腐败的沉积物、腐朽的树根等；四不当“低头族”，头顶往往也是毒虫的藏身之所；五不随意脱衣服、摘帽子，以免暴露身体，遭到叮咬。

（5）凶狠、狡猾的毒蜘蛛无处不在，需要特别当心。丛林里蜘蛛的种类很多，常见的两大类毒蜘蛛是结网蜘蛛和游猎蜘蛛。人员在丛林里活动时，树上、草垛里、灌木丛附近、岩石下都可能遇到蜘蛛，要能辨别蜘蛛有毒无毒，常见的、毒性比较大的蜘蛛是红斑蛛与穴居狼蛛。在我国主要分布在新疆与海南，两者均不会结网，平时隐藏在土中、石头下、岩洞的缝隙里，四处游荡，横冲直撞，无人敢招惹它们。

穴居狼蛛与红斑蛛的头胸部内有毒腺，当遭到人与其他动物攻击时，为了保护自己，会马上跳起来，蛰来犯之人。毒腺随着伤口，将毒液带入体内，不一会就会出现中毒症状。由于毒蜘蛛的毒液内含有破坏人体神经的毒蛋白，这种毒蛋白会使受蛰者感到剧烈疼痛，造成运动神经麻痹。一旦抢救不及时，有可能危及生命安全。

丛林里活动时，要避开杂草、低矮的灌木丛、藤萝交叉的地点、蚊虫聚集的地方，遇到松散的石头、朽木、土堆、杂草堆与岩石缝隙时，不要去翻动。遇到树杈、藤萝上有蜘蛛结网时，也不能随意去惊扰蜘蛛。

（6）蚊子可能是你在丛林里遇到的最大、最讨厌、最危险的“敌人”。进入丛林里你会发现许多自然形成的洼地，洼地里储存有水，有的洼地里的水污浊发臭，特别适合蚊子与喜欢水源的毒虫繁殖。丛林里有一大奇观，灌木丛附近，植物的聚集处，水洼地附近，都可以看到成群结队的蚊子飞来飞去，甚至把整个丛林都给笼罩住了，十分奇特。所以，在丛林里活动时，防蚊子叮咬是很重要的事，不能麻痹大意。防蚊子最好的办法有哪些呢？

1）远离污水洼地，尽量在向阳、干燥、通风的地域活动。

2）只要条件许可，丛林里休息时，务必使用蚊帐，实施物理隔离。

3）药物驱除，主动防御。可以在身上涂抹一些驱虫剂、驱散蚊子的草药。丛林里许多野草能克蚊子，如浓烈的野蒿子草对驱蚊十分有效，可以采摘一些，涂抹在衣服上、头发上、脖子上、手上、脚上。

4）物理隔离，用衣物把身体裹严，减少暴露皮肤的面积。

5）保持个人卫生，经常擦洗身体，消除异常的汗味，以免招引蚊子上身。

遇险提示

丛林里的毒虫非常狡猾，往往隐藏得很深，有些毒虫是伪装大师，有时在眼前，也可能发现不了，需要眼观六路，耳听八方，心细如发。

4. 远离意外伤害

事件发生

夏天，连续下了几场雨，丛林里湿漉漉的。今天放晴了，几位年轻人网约采挖野生蘑菇，他们骑车来到了丛林边缘，丢下自行车，带上工具，徒步进入了一片丛林里。大家在松树下寻找着蘑菇，小王性子急，走在最前面，第一个发现了前面长满灌木的洼地周围有很多蘑菇，跑过去采摘，刚刚到达洼地边沿，突然脚下发软，陷进了黑水污泥的沼泽里，瞬间就被黑水污泥淹没了。同伴赶来时，已经来不及营救了，其景十分恐怖。

生存技能

（1）谨防隐藏的沼泽陷阱。丛林中的雨水多，尤其是夜间的"树叶雨"连续持久，地表与地下土壤水分流失少，高大树木、低矮灌木丛与藤萝交缠在一起，十分茂密，遮挡真实的地表情况，天长日久聚集的雨水形成洼地，最终成为深不可测的沼泽，很难发现。另外，由于植被的遮挡，丛林里很多自然形成的裂沟、积水的洞穴、深井、古人挖的藏身洞被隐藏起来，人不慎踩上去，会突然坠入深渊，靠自身的力量无法出来，即便是他人营救，也很难出来。有的沼泽面积很小，但是淤泥很多；有些沼泽被一片鲜花遮盖着，人如果采摘鲜花，必然会葬入其中，被黑水、污泥瞬间淹没，谁也救不了你。所以，在丛林里活动，一定要小心沼泽陷阱，要注意观察前面道路情况。为了保险起见，在好的地域，可以找一根长 2 米左右的木杆子，边探边行走。一旦不慎落入沼泽陷阱，不要慌张，不要乱折腾，如果附近有人，在安全的情况下，立刻呼救。如果无人救援，应设法稳住身体，尽力寻找可以抓拉的东西，如藤萝、树枝、竹子等，绝对不能放弃。

（2）谨防伤人树。丛林里的植物种类多，有的植物很特别，竟然会攻击人。如某些丛林里隐藏着一种恐怖的“伤人树”，这种树叫箭毒木，它的汁液呈乳白色，含有剧毒。人受伤时，毒液通过伤口进入体内后，很短的时间内就会造成肌肉松弛，心律失常，心脏功能丧失，最后停止跳动。人们也把这种树称为“见血封喉”树。民间也有很多关于伤人树的传说，流传最广的是某些丛林里有一种能吸食人的古树，在一定的距离内，把人吸入树中，荡然无存。还有一种毒素极强的树叫金皮树，人一旦不幸碰上金皮树，树上的刺就会刺破皮肤，释放毒素，轻则痛苦不堪，重则致人死亡。丛林里还有一种树叫漆树，能引起人体过敏。所以，进入丛林里要高度警惕，不要轻易碰摸不熟悉的树，更不要被树枝刮伤、扎伤。如果身体表面有伤口，或者有出血时，务必要远离不熟悉的野花、野草、树木、藤萝、竹子等，因为有些树、花、草里含有致命的毒素。

（3）谨防野花的杀伤。在丛林里活动，随时能看到各种盛开的野花，如果你不了解野花，就别去接触它，最好远远观望，免得招惹麻烦，甚至付出生命代价。因为野花上面聚集着许多人体敏感的过敏物质，对呼吸道有强烈的刺激。

野花美丽无比，同时也可能伤人于无形。在丛林里活动时，许多过敏性的疾病是因为野花花粉混合在空气中，从鼻子、嘴、眼睛、皮肤进入体内后而引发的，也有的是因为野花的有害汁液侵入体内或误食引起的。

从林里的野花品种多、花粉浓度高，容易使人患上过敏症。有些野花生长在阴暗潮湿的地域，长期暴露在污浊的空气中，极有可能受到空气中的病菌、病毒污染，加之一些昆虫的传播，会造成花粉中混有大量的致敏源、病菌和病毒。人在丛林里好奇去采摘带有致敏源、病菌与病毒的野花，用鼻子对准野花闻、贴近眼睛看、插在头发中，拿在手中玩，不知不觉就会引病上身，受到伤害。

在丛林里活动，如何预防野花的杀伤呢？活动时，看见遍地盛开的野花时不能忘乎所以，要学会思考，说明此地域的空气里花粉浓度比较高，有过敏史的人一定要格外注意。有必要的话应该戴上简易口罩、丝巾、围脖、帽子、手套，不要接近可能引发过敏的野花。对于不明的野花，不要去采摘，更不要随意用鼻子闻、随意插在头发上。

（4）谨慎浓雾的伤害。丛林里雾多，雾本身不伤人，但是可以间接伤人，要格外警觉。

例如：夏天的一个周末，两位退休的老师一大早就进入一处景色迷人的丛林拍摄，他们顺着一条浓密的灌木带走，拐进了一处篮球场大小的低洼地，数团浓雾飘移过来，几乎遮蔽了整片洼地。两人一点经验也没有，迷雾中继续朝前走，盲目中跌进了十几米的沟壑里，幸亏被几棵树拦截，悬挂在半空中，全身多处受伤，差点就回不来了。

雾是由大量的小水滴或小冰晶悬浮于近地表面的空气层中使能见度减小的现象。常见的雾有平流雾与辐射雾。丛林里地表水分大，植物茂密，树冠遮挡阳光，形成了一个相对密闭的“温室”，由于空气中水汽过于饱和，并有凝结核，空气流动性差，早晚间大雾就会弥漫起来。有时浓雾会使能见度大大降低，甚至是“咫尺不见人”。雾受阳光、空间、温度、风的影响较大，日出后，光照增强或空气流动快，很快就会使雾散去。

为了人身安全，丛林里活动必须重视浓雾。因为浓雾使人看不清楚，容易走错路，迷失方向；容易掉进山洞、悬崖、裂谷等；还容易遭到野兽的袭击、蚊虫的叮咬。所以，一旦在丛林里遇到浓雾，应原地休息，静心观察，待雾消失后，再继续活动。

（5）谨防潮湿与霉变。丛林里潮气大，植物茂密的地域由于树冠遮蔽太阳光，地面浸水多，潮湿容易使人患上皮肤病，容易使食物发霉变质，需要特别防范。行住坐卧，选择通风、日照、干燥的地域，食物要保管好，一旦发现食物变质，绝对不能入口，避免食物中毒。

遇险提示

从林里的情况复杂多变，很多危险没有规律性，也没有预判的时间，需要始终绷紧安全的弦，不能有丝毫的麻痹大意。

5. 休息时的危险

事件发生

中秋节期间，一对夫妻进入丛林采摘酸枣、野菜，在一片长满松树的地域发现了许多野菜，采摘了几大口袋，累得不行了，躺在松树旁边休息，迷糊着了。醒来时，发现全身红肿，起了无数的红疙瘩，仔细一看，两人身上爬满了蚂蚁，吓得两人惊慌失措，狂呼乱喊，痛苦不堪。危及之时，一位"驴友"听见呼喊声，急忙过去营救，发现两人身上都是蚂蚁，立刻拿出背囊里的驱虫剂喷蚂蚁。蚂蚁反感驱虫剂的味道，纷纷爬走了。

生存技能

(1) 重视休息，发现危险。为了恢复体力，积蓄力量，从林里休息是非常必要的，但是休息时如果粗心大意，不进行防范准备，也会带来危险，甚至是死亡。所以，需要你胆大心细，善于发现危险，如有无倒塌、地陷、毒虫、猛兽、雷电、暴雨、狂风、泥石流、疫情、灾情、恐怖事件、巨大枯木、隐藏的沼泽、火灾等，准确判断出危险的等级，采取相应的手段，保护自己的安全，避免在睡梦中受伤或死去。

（2）牢记预防二字，正确行动最重要。丛林里休息时的任何时候都要眼观六路、耳听八方，预防为主，无论是小休息还是露营，都不能偷懒，最好支起制式“五防”帐篷，把方圆 10 米的情况看清楚，采取清理杂物、喷洒驱虫药、点火制作草木灰及石灰，采集草药煮制消毒水、消毒粉灰，就地取材，制作拦阻栅栏、隔离墙等，巧妙设置报警装置，挖掘陷阱等。

（3）快速搭建庇护所，确保休息更安全。在丛林里活动时，一旦遇到危险被困其中，如果三两天出不去，应该就地搭建庇护所，给自己建一个避风、挡雨、御寒的“家”。搭建的庇护所应远离沼泽、山崖、山谷、枯木、杂草多的地点，丛林雨水多，为了防水患，可以在庇护所周围挖一圈排水沟。特别提醒，多雨季节，不要把庇护所建在干枯的河床里、阴暗潮湿的灌木丛中、枯病树集中的地方，因为突然的暴雨，会把河床的水位注满，把建在里面的庇护所冲走。

（4）快速搭建简易床。丛林里毒虫多，地表潮湿、寒气大，树上、杂草里隐藏的“杀手”多，休息时，应就地取材，架设一张安全、舒适的床。丛林里树多，最简单的架床方法是选两棵距离适中的树，在距离地面半米的位置，用绳子、藤萝、竹子、树干等材料，编织成一张悬空的床，这样可以有效防止毒蛇和毒虫袭击。为了保暖，要在悬空床的底部铺上尽可能多的干净的草、树叶等。

（5）树上也可以休息。丛林里的树多，有些高大的树分杈分枝多，分杈多的位置好似一张床或一个凳子，只要仔细检查树干与树冠的安全情况，没有毒蛇、毒虫隐藏在其中，选择分杈多的地方休息，也是一个明智的选择。因为，丛林里地面隐藏的“杀手”多。上树前，用驱虫剂喷洒树周围，安全效果更好。

（6）掌握几个驱除蚊虫、毒蛇的小高招。丛林里最大、最难缠、最频繁的“敌人”就是蚊虫、毒蛇，不过也不要烦恼，大自然非常奇特，总能出现一物降一物的东西。丛林里的植物品种多、矿物质多，各有特性，其中一些草木、石头的气味、粉末对毒虫与毒蛇有天然的驱除功能。

红蓼：丛林里生长得最多、最普遍，生命力极强，点燃后散发的气味，驱蚊效果好。

蒲儿根：野生花卉，人称黄色的野菊花，捣碎后放在身边、庇护所周围、床上床下，对毒虫与毒蛇有驱除作用。涂抹伤口，消毒止痛。

除虫菊：花中含有除虫菊素甲、灰菊素甲，杀虫效力好，可以使毒虫远离或中毒身亡。

夜来香：黄绿色小花，能散发出持续的幽香，有特殊的刺激性气味，蚊虫闻之会受到刺激，马上回避。

薄荷：气味芳香，全株含有挥发性细胞因子，有特殊的清凉、辛味，蚊虫很反感这种气味，用它来驱除蚊虫，效果很好。此外，如果被蚊虫叮咬，用叶子捣成汁，涂抹在叮咬处，可以起到消炎、止痛、消肿，防止伤口感染的作用。另外，有条件的话，把叶子煮水，泼洒在休息的周围，能吓跑蚊虫。

驱蚊草：此草生长旺盛，散发着特殊的柠檬味道，蚊虫对之有强烈的反感，一般不敢靠近。

栗子花：丛林里植物多，栗子树也是常见树木，如果能发现栗子花，采摘下来，编成绳子，点火燃烧，气味能熏走蚊虫。粉末能消毒去湿。

野蒿子草：气味挥发异常，刺激性强烈，将其茎叶拧成绳状，点燃并把明火处理掉，使烟冒出，蚊子与昆虫闻之，逃之夭夭。

野茉莉花：花卉散发出来的阵阵清香，含有一种生物酶，对蚊子有强烈的刺激作用。

野烟叶梗：点燃后，其灰、烟及焦油，蛇与其他昆虫很害怕这种气味，闻到此味，会迅速逃跑。

石灰粉：天然石灰粉有消毒作用，它强烈的刺激性气味，对蝎子、蚰蜒、蜈蚣、蛇、蚂蚁刺激很大，使其不敢靠近。

木炭：有天然的消毒作用。

指甲花：此草不怕虫子，虫子不敢招惹它，连蜜蜂、蝴蝶、蜻蜓也不敢靠近它，蚊子也不例外，很怕它的气味。如果被蚊子叮咬，可以采摘几片叶子，挤出汁来，涂抹在叮咬处，有止痛、消肿、消炎作用。

白兰花：此花夏秋开花，含有芳樟醇、苯乙醇、甲基丁香酚等成分，有浓香气味，驱蚊虫效果好。

在丛林里休息，必须采取一切措施，使用一切手段，积极预防蚊子与毒虫叮咬。民间还有把松树皮、松枝、核桃树皮及叶子点燃后，把明火吹灭，让烟雾和特殊气味慢慢飘散出来，把毒蚊、毒蛇、昆虫熏走。如果不重视驱蚊虫、防蚊虫等问题，后果会非常严重。

（7）轻易不要睡熟。丛林里无论多么劳累，千万不能倒地就睡，因为睡着了，一些凶残的动物、昆虫就有可能围攻你。例如，深秋的夜里，一位喜欢抓蛐蛐的老人独自进入丛林抓蛐蛐，半夜睡着时，遭到了几头野猪的围攻，差点送命。

其实，在丛林里活动，最危险的时候就是睡觉。因为人在睡觉中，没有任何防御能力，根本不知道周围有什么危险到来，因此，无论什么情况下，你都要强打精神，不要为了一时的舒服就躺下睡觉，而葬送了性命。

（8）不能忘记的原则问题。丛林里休息看似小事，实则是攸关生死的大事，因此要自觉遵守以下原则：

1）应避枯木、巢穴、阴暗潮湿的灌木丛、生虫子的植物、悬崖、陡坡、峡谷与可能发生洪水的危险区，要远离毒虫与猛兽经常出没的地域。

2）应选择开阔、有阳光、干燥、通风的地点，注意防火、防蚊虫、防泥石流、防沼泽陷阱。

3）气温炎热时，应注意防暑、防病、防蚊子、防毒虫、防雷击、防暴雨、防火灾、防野兽偷袭等。

4）心理准备充分，胆子要大。休息时，要有与动物尸骨做邻居的心理准备。例如，一对恋人进入丛林里游玩，夜间支撑起了“五防”帐篷。早上起来时，帐篷门开不开了，拉开拉链窗户，一条大蟒蛇躺在门口，已经死了多时，吓得两人魄都飞了。丢下帐篷，跑出了丛林。

在丛林里休息时，如果你选择了清净、无人、僻静之处，深更半夜，会有很多动物、昆虫寻着你的气味而至，如野牛、野马、野驴、野羊、鸵鸟、骆驼、野兔子、野狼、野鸟、野猪、豪猪、刺猬、野猫、野狗、熊、猞猁、黄鼠狼、狐狸、蜈蚣、蚰蜒、蟒蛇、毒蛇、老鼠等，这些动物一般是闻到了帐篷里人体、物资、食物与水的气味来到帐篷附近，恰好走到这里，再也支持不住了，死在帐篷附近。有的死亡动物与群体迁移有关，或与动物之间相互争斗、互相残杀有关。

遇险提示

不管在什么情况下，丛林里休息时都要打起精神，随时准备做出有效反击，不能“睡死”，应该是半睡半醒状态，发现问题后，临危不乱，遇险不慌。

6. 消除气味与痕迹

事件发生

夏天的一个周末，公司组织野外健步走活动。大轿车停在丛林边，一群年轻人迫不及待地下了车，兴致勃勃地走进了丛林深处。他们脱离年龄大的老同事，没有按照预定的路线走，决定走进更加浓密的丛林里。拐过一处灌木丛，遇到一处积水的泥泞洼地，发现了许多小飞虫，落在人身上，黏黏的，起红点、痒痒的难受。他们快速通过，可是小飞虫一只追着他们。休息时，他们拿出食物来吃，又飞来一群小飞虫，黏在他们的皮肤上，令他们痛苦不堪。

为什么小飞虫一直追着他们呢？当地护林员告诉他们，这种小飞虫喜欢人体的汗味，它们是闻着汗味追来的。

生存技能

（1）重视气味与痕迹的消除，以免引灾上身。丛林里的凶猛动物多、昆虫多，有些凶猛动物与昆虫对人的味道特别敏感，远远地就能嗅到物资与人体味，人身体发出的汗味及排出的大小便气味，流血化脓的伤口气味，各种食物味；清晰地听到人与设备发出的声音，并能准确断定人的具体位置，十分狡猾地隐蔽尾随、追踪，寻味而至。为了防止被野兽与有毒昆虫发现与跟踪，务必要掌握伪装与消除痕迹的技巧，不能因小失大。

（2）及时撒铺特殊的材料，遮盖气味。在丛林里活动，要预先收集、制作气味消除剂，走一段路以后，在脚印处撒铺一些，阻止凶猛动物与昆虫寻味而至。丛林里使用的气味消除剂有两种：①预先购买的制式气味消除剂、消毒剂、驱虫剂等；②就地取材，自己现场制作。如燃烧枯朽的树木、竹子、藤萝、杂草、低矮的灌木植物等，收集草木灰、木炭。还可以寻找天然的石灰粉、石膏粉，粉碎后，收集起来备用。另外，水是最简单、最有效的气味与痕迹消除剂，如果水源充足，用水冲洗脚印、大小便、车辙印等，效果也很好。

（3）搞好个人卫生，掩埋废品，不留下任何异味。丛林里出汗多，需要及时清洗身体汗液，保持皮肤干燥卫生。如果条件许可，可以用草木灰洗澡，用木炭擦容易出汗的位置，防止汗液散发出异常气味。如果遇到河流，最好进入流动的河水里洗澡、冲洗。要认真处理好生活垃圾，深埋排泄的大小便与吐出的痰等，千万不要怕麻烦。

（4）涂抹与喷洒。丛林里遇险，遇到的困难难以想象，如果没有条件洗澡，可以用具有驱除蚊虫的特殊植物的花、叶子、根茎、细枝条缠绕在身上；还可以用一些特殊的、挥发性强的、能驱除蚊虫的植物汁液、碎末涂抹在衣服上、身上、头发上；可以在器材与物资上涂抹驱除蚊虫的草药，使身体与器材、物资的气味被植物的气味掩盖。

（5）以味攻味，出奇制胜。就地取材，点燃木柴、干草、竹子，把一些散发刺激性气味强的植物投入火里，使之慢慢燃烧，释放出来的气味足以超过人体的气味，驱散蚊虫与毒蛇。燃烧植物、石头形成的草木灰、木炭、石灰，制作数道隔离墙，可以消除痕迹，干扰动物的嗅觉。

遇险提示

从林里植被多，空气流通性差，人员活动量大，容易出汗，要特别注意换洗衣物，清洗身体，食物尽量密封保管好，避免散发诱人的味道，引来祸端。

7. 捕捉动物

事件发生

春天到了，喜欢吃野菜的许师傅进入丛林采挖野菜，由于丛林边沿的野菜都被别人挖走了，他只好进入丛林深处挖。翻过几条长满灌木、杂草的沟壑，终于发现了野菜，采摘了不少，返回时，由于天色已晚，为了走近路，掉入雨裂沟里。沟很深，无法出来，为了活下去，他四处寻找吃的，白天抓蚂蚱、螳螂、蜻蜓、壁虎、蛇，挖蚯蚓、蝲蝲蛄、地蚕，夜间用树枝击打回巢穴的野鸽子、麻雀、野兔子和出来觅食的地鼠，6 天后，营救人员发现了他。他的生命体征很正常，乐观的心态，让营救人员赞叹不已。

生存技能

（1）深刻认识到这是必须掌握的一项技能，越早学会越好。动物是人类的朋友，关键时候，能让你渡过难关，保住性命。人一旦走出家门进入大自然，遇到的危险无法预知，别的不说，万一断粮了，没有吃的怎么办？是坐以待毙，等着饿死，还是主动去适应大自然，积极开动脑筋，设法解决，敢于向大自然要吃的，胆大心细，用智慧、靠双手抓住能吃的小动物、小昆虫，设法让自己活下去才是真本事。

（2）直接击打。丛林里断粮后，不要紧张，其实遍地都是粮食，只要你有智慧、耐心和胆量。观察地形，立刻选取顺手的树枝、竹竿、藤萝等，隐蔽在小动物出现的地域，或小动物藏身的地域，保持安静，待小动物出现在你的攻击范围内时，快速出击，击打小动物要害。

（3）准确、快速投石弹。丛林里散落着很多“武器”，石头就是一种随时随用的捕猎工具。捡拾数块石头（圆形鹅卵石最佳），观察小动物的出入痕迹，选择便于攻击的地段，耐心等待，一旦发现动物的踪迹，瞄准小动物，猛力、连续地抛出石头，一击致命。

（4）水攻。丛林里遇险断粮，发现小动物或昆虫的藏身洞口，如果有器皿，又有充足的水源，可以借水攻击，让小动物或昆虫乖乖地爬出来，你只要“守株待兔”即可。俗话说：“狡兔三窟。”水攻需要做好一项检查工作，一些小动物或昆虫很狡猾，为了逃生，它们进进出出的洞口很多，纵横交错。寻找到洞口后，首先保留一处最高的洞口，洞口四周用土或石头围挡，保证灌水方便。而后认真仔细地把低矮的、多余的备用洞口用杂草、树叶、石头、泥土等物封堵严实。灌水是个技术活，需要缓慢、耐心、胆大，整个过程务必要集中精力，眼睛看、耳朵听，随时准备抓捕。

（5）烟攻。许多动物或昆虫一旦受到惊吓，藏入洞穴后就不肯出来了。没有水源，或因地形原因无法实施水攻时，点火放烟熏，也有奇效。烟攻必须具备四个条件：①解决火源与烟的问题；②借助自然风，保证烟吹进洞内；③解决跑漏风问题，熏烟前，检查多余的洞口，并用泥土堵塞严实；④优先点火发烟材料，松树、野蒿草、桦树皮三者搭配比较好，保证燃烧持续、发烟快、发烟多、发烟浓。

（6）掏窝子。在丛林里活动，只要你抬头、低头找，一般很快能发现动物窝，窝里一般藏有动物、昆虫或动物蛋或动物幼崽，发现动物窝后，不要吵闹，保持安静，秘密接近，确认窝里面有动物、昆虫、蛋或幼崽，在保证安全的前提下，直接伸手掏抓。

（7）挖陷阱。丛林里动物多，但是动物也很狡猾，不能轻易被你抓住。可以挖掘陷阱，守株待兔，让经过的动物自投罗网。挖掘陷阱的经验是：观察动物的活动地域，在动物的必经之路，根据动物大小情况，挖深坑，表面隐蔽好，保证动物坠落下去后无法上来。

（8）扎插。丛林里雨多，有的低洼地域积水多，最终成了水潭，成了鱼、虾、蟹、甲鱼、螺的家园，发现数量较多时，立刻就地取材，使用树干、树杈、竹子等材料，制作一把简易叉子，站在水边，根据鱼的位置，频繁扎插。

（9）围堰。丛林里的水潭面积不大，没有支流，地形允许的话，用引流围堰法抓鱼，收获最大。具体方法是：设法把水潭的水引流出去，最后用器皿舀干潭里的水，水底的动物就无处藏身了。

（10）网捕。丛林里现成的材料多，就地取材，找来藤萝、竹子、芦苇、低矮灌木等，根据地形情况编一张大小适合的网，而后做一根支架，用一根树干或竹竿把“网”支起来，找一根细藤条把支架捆好，在“网”内放诱饵，人员隐蔽起来，耐心等待，动物进入网下后，迅速拉动藤条，使网扣下去，将动物捉住。

（11）挖掘与翻找。丛林里的一些动物、昆虫、鱼类、贝类钻入地下、污泥中、沙土中、石缝中后，不便于用其他方法捕捉，可以直地挖掘与翻找。为保证成功率，要仔细观察动物、昆虫、鱼类的活动规律，选择最佳的时间与地点。

（12）灯光诱捕。夜间，如果你陷入丛林中断粮了，为了生存下去，可以点火，利用一些动物喜欢火光的特性，引诱动物自投罗网，“以逸待劳，守株待兔”。

（13）粘黏。如果有口香糖、蜂胶、松香、蜡蜜、蜂蜜，可以采取粘黏的方法捕捉小昆虫、小爬行动物。

遇险提示

丛林里捕捉动物需要耐心，不能冒失，以防打草惊蛇，把动物吓跑。要根据动物的生活习性，活动规律，巧妙下套。要相信人比动物聪明，只要有足够的耐心，一定会有收获。

8. 寻找野果子、野菜的技巧

事件发生

“十一”长假期间，一群刚刚参加工作的年轻人进山游玩，由于好奇，冒险进入纵深地带，迷失了方向，在丛林里转悠了3天，水、食物没有了，饿得实在走不动了，四处寻找能吃的东西，无果，只好听天由命了。危急时刻，遇到了一位进入丛林寻找树根子的中年人，中年人告诉他们，食物就在前面灌木丛后面的山坡上。

他们挣扎着、搀扶着走过去，发现了几棵栗子树、野苹果树、榆树，异常兴奋，精神大振，采摘了野苹果、栗子、榆树叶，补充了能量，按照中年人指引的道路，安全到达丛林外面，回到了家。

生存技能

（1）务必要坚定信心。一定要相信自己，鼓足勇气找到野果子、野菜。丛林里植物多、野果子、野菜遍地都有，只要相信自己，永不放弃，用眼睛看，用鼻子闻，用耳朵听，一定能找到。

（2）选择好站立点。丛林里植被多，通视能力差，人员务必站在高处，环视四周，由近至远，从低到高，逐渐寻找，仔细辨别，千万不能着急。有时一遍找不见，就多找几遍，直到找到为止。

（3）耳朵也能找到野果子、野菜。保持安静，静静听声音，如果在丛林里听见鸟叫、昆虫叫、小动物叫，寻声过去，就能在附近找到。

（4）观察天空的飞鸟与昆虫。一般规律，鸟儿出现的树上、灌木丛里、竹林里、山谷中，发现野果子与野菜的概率大。飞虫多的地方，附近总能发现野菜。发现了蚕，就能找到桑树。发现了蜜蜂，一般就能找到可食用的鲜花。

（5）多走几步路，再坚持一点点，就能找到。丛林里地形复杂，植物、野菜种类多，浅近纵深的野果子、野菜容易被人、动物采摘、吃掉，纵深处特殊的地域中就容易找到了。如山谷深处的灌木丛中、杂草里、野花的根茎部、藤萝附近、山坡上、低洼处、岩石附近、峭壁上、枯木附近、竹林里等。

（6）敢于趴在地上。很多野菜藏在杂草根部，藏在地里，只要趴在草地上，就能发现野菜的蛛丝马迹。

遇险提示

丛林里断粮后，只要不是极端天气，耐心寻找，野果子、野菜一定会出现在你眼前。

9. 寻觅动物踪迹的技巧

事件发生

暑假的一天，一位骑行爱好者骑车进入了人迹罕至的丛林里。植物茂密，杂草丛生，没有道路了，只好弃车步行。他钻来钻去，钻进了一处藤萝密布的山谷，迷失了方向，2 天没有进食进水了，饿得两眼冒金星，躺在一棵枯树旁边，意外发现了几只蚂蚱、几条蚯蚓，一个鸟窝里的两枚鸟蛋，狼吞虎咽地吃了进去。补充了能量，延续了生命。第4天，被当地的护林员发现，成功营救出来。护林员赞扬他有野外生存经验，找到了能吃的昆虫，保住了性命。

生存技能

（1）相信动物就在身边，仔细寻找，不难发现。丛林里植被品种多，水与食物多，是动物生存的乐园，只是它们害怕人类，藏匿起来了。根据进化论原理，有些动物比人类历史长很多，它们善于伪装、善于隐藏、善于装死、善于钻洞、善于自残逃脱，自保的手段五花八门。

（2）观察动物的活动痕迹，任何蛛丝马迹也不要放过。动物无论怎么藏，出来觅食、交配、筑巢还是必需的，一定会留下痕迹。如何观察呢？①趴在地上看印记，顺着印记就能找到动物的藏身之处。②寻找动物遗留的粪便，根据新鲜与干湿程度、体积大小、成分组成，就能断定动物的大小，食草、食肉还是杂食动物，刚刚经过此地，还是离开此地久远。③仔细观察、寻找遗留之物，如皮、鳞片、尾巴、毛等。

（3）专心用耳朵听。丛林里的动物多，往往藏匿得巧妙，但是动物的叫声、挖洞声、敲击声、跳跃声、攀爬声会暴露它们的位置，寻声过去，就能在附近找到动物。

（4）鸟儿总是要飞的。鸟儿外出觅食，飞来飞去，目标大，容易暴露。所以，注意观察天空、树冠、树枝、灌木丛、杂草里，这是鸟儿容易出现的地方。如果发现巢穴，就能发现鸟儿与鸟蛋。

（5）昆虫最多，最容易发现。一些昆虫能飞，往往在树林里成群结队地飞行，主要聚集在洼地处、灌木丛里、杂草中、鲜花上。一些昆虫善于钻地，岩石下、土壤里、枯树附近、树洞里都能发现它们。如果发现蜂巢，就可能发现蜜蜂和蜂蜜。

（6）特殊的树上树下、树根有特殊的动物、昆虫。灌木丛里的树木多，一些动物有独特的爱好，偏爱栖息在某种植物上。如竹虫一定藏在竹子里；竹鼠一定藏在竹根下面；桑树上面一般能发现蚕；枯树里面一般藏有毛毛虫、老鼠、壁虎、蚊子、苍蝇、蜘蛛、天牛、蚂蚁、螳螂、蜈蚣、蚰蜒、蝎子等；榆树上面一般有蜗牛、瓢虫等。

遇险提示

一些动物是地球上最古老的主人，它们生存能力极强，甚至超过人类的生存极限，几乎到处都能发现动物的踪迹，只要有信心，方法正确，很快就能找到。

10. 丛林深处洞穴多

事件发生

“清明”期间，马叔叔回老家祭祖，祖坟在丛林深处，由于杂草丛生，灌木聚集，阻挡视线，根本看不清道路，返回时，走偏了路，不慎掉入十几米深的洞穴中。当时由于情况特殊，身上带的祭奠食品、酒、水、烟、水果已经摆放在坟茔前了，仅有一串钥匙链和一把水果刀。

当他在洞穴的底部清醒过来后，发现左胳膊流血不止，十分冷静，并没有大声喊叫。他知道喊也没有用，越喊体力消耗越大，还不如立刻止血，保存好体力，想办法出去。

根据流血情况，判断是静脉出血，立刻撕衣服，用布条当止血带止血，而后仔细观察洞穴，发现洞穴壁上长满了一层厚厚的青苔，青苔后面有蚯蚓的痕迹，底部拐弯处，有许多碗口大小的石头，眼睛一亮，开始了求生工作。他用水果刀向上挖开一个小洞，再取来石头垫在脚下。饿了就用水果刀把洞穴壁青苔后面的蚯蚓挖出来吃，渴了就等到清晨的露水顺着青苔流下来时，把嘴贴在青苔上吸水。就这样一直坚持了5天，终于爬到洞穴口，幸运地活了下来。

生存技能

丛林里有许多天然洞穴、人工洞穴、古墓等，往往被灌木丛、杂草掩埋，十分危险。一旦不慎掉入其中，务必保持镇定，坚信自己能出去。具体求生方法是什么呢？

（1）应该迅速判断洞穴的含氧量，如果感到呼吸困难，胸前发闷，就可能是含氧不足。如果有火柴，立刻点燃火柴，火焰发红、很快熄灭，说明氧气不足，这时务必要争取时间，想方设法，尽快脱离洞穴。

（2）要观察有无攀登的落脚点，有无树、藤、竹、树根、草根可以借力使用的。如果没有，可以寻找一些锐器，如石头、砖头、瓦片、树枝、竹子、刀子等，在洞穴的壁上挖一些攀登点，创作攀登条件，直到能爬出去为止。

（3）眼观六路，耳听八方，善于发送求救信号。在洞穴中，要注意听外面的动静，当听到外面有脚步声音，或有说话声音，要迅速高声呼喊，或向上投抛石头，以引起上面人的注意。

（4）要做好长期生存的准备。丛林里的洞穴非常复杂，如果判断几天出不来，要自己给自己鼓劲，坚信自己能出去、能平安活下去，积极寻找水与食品。水的来源主要靠洞穴壁上的青苔集结的水珠、雨水、雪、冰，食物来源主要靠洞穴里的动物，如蛐蛐、蚯蚓、地蚕、蚂蚱等，晚上飞进洞穴里休息的鸟、蜻蜓等。

（5）正确处理伤情。丛林里不慎掉入洞穴后，受伤出血常有发生。血液是生命的保证，如果失血过多，就会危及生命安全了。出血一般是内出血和外出血。

1）内出血的判断要点是吐血、鼻血、尿血、便血，脸色苍白、出冷汗、四肢发冷、脉搏跳动快而弱、全身无力、头昏、呼吸急促直至发软等。

2）外出血的判断要点是观察出血量、出血速度、出血颜色。动脉出血：血液呈鲜红色，出血速度快，出血量大，危险性也大。

静脉出血：血液呈暗红色，出血时缓慢，出血量小，危险性不是太大。毛细血管出血：呈现出渗血样，没有什么危险。

那么，出血以后，如何快速止血呢？

1）手压止血。立刻用干净的手压迫出血点的上部，力度根据出血情况与止血情况而定。

2）止血带止血。如果携带专用的止血带，立刻按照说明书使用。如果没有止血带，可以用橡皮带、布带、绳子、鞋带等东西（千万不要用铁丝和电线），将出血口近心端 4~5cm 的地方扎住，阻断血液通路，达到止住血液的目的。止血带不能随便乱用，只有在手压止血法不灵时方可使用。使用止血带，应注意以下几点：

第一，上止血带的部位要正确，最好是在伤口附近的肢体近端。

第二，上止血带要垫平，止血带不要直接扎在皮肤上，应该先用毛巾或衣服平整地垫在皮肤上，这样可以有效地防止止血带勒伤皮肤。

第三，上止血带松紧要适中，以止住出血、摸不到远端动脉跳动为合适。上止血带不能松，松了压力不足，紧了会造成严重的肌细胞坏死，严重时还可以使整个肢体坏死。

第四，上止血带的时间要缩短，为避免肢体长时间缺血坏死，上止血带的时间最长不宜超过 5 小时。之间可以每隔 1 小时放松一次，放松时注意观察出血情况，应用手压法控制出血，松开的时间应控制在3分钟左右。

3）用止血药。如果携带止血药品，正确消毒伤口，直接将创可贴、止血贴粘在伤口上，阻止出血。使用云南白药时，将粉面均匀地撒在伤口上，而后用纱布包扎起来。

4）草药止血。丛林里坠入洞穴后，如果没有现成的止血药时，如果发现洞穴生长有新鲜的草药三七，可以采摘三七叶子，捣碎，涂抹在伤口处，也能起到止血的作用。

遇险提示

陷入洞穴后一定要冷静，在确信没有任何外援的情况下，不要大声喊叫，要多动脑筋。可以采用最原始的办法，就是将洞穴一边的土、石堆向另一边，一步一步地往上垫土，直到双手能扒住洞穴沿。

11. 压埋随时可能发生

事件发生

秋天到了，某公司几个年轻人进入丛林里游玩。他们年轻体力好，钻进了丛林的纵深。中午休息时，他们在一片灌木丛里意外发现了一处古代战壕、碉堡、隐蔽观察所、瞭望楼，模仿古代士兵打仗的样子，不假思索地跳入与人同高的战壕里，顺着阶梯进入了瞭望楼，准备点火烧烤。忽然，瞭望楼两侧的墙体倒塌，瞬间把他们压埋了。

一位年轻人小腿被压埋，导致骨折了，疼痛难忍。他拼命挣扎着向外爬，两腿乱扭动，虽然被救出，运送医院治疗，但是由于骨折位置的神经坏死，再也无法正常行走了。医生告诉他，如果小腿被压骨折后，不乱扭动，立刻固定，就不会留下后遗症。

生存技能

（1）预想被压埋的地点，心里有数。在丛林里活动，容易发生压埋伤，要有充分的心理准备。因为丛林里的地形复杂，林地与山地混合在一起，隐藏的洞穴、陷阱、古战场、古墓、雨裂沟、危险的山谷、枯树、泥石流、滚石、大风、大雨等都可能成为压埋你的直接或间接“杀手”，要多加留心，万万不可麻痹大意。

（2）不犹豫，以保命为主。一旦不幸被压埋，保持冷静，迅速判断危险与受伤程度，清楚被什么压埋了，有无致命伤，有无连续被压埋的可能，根据情况，决定自救方案，头脑要清楚，不能犯迷糊。

（3）自救原则，轻重缓急、行动果断。立刻看呼吸道有无被堵塞，如果有堵塞，先清理呼吸道，保持鼻子、嘴、喉咙畅通。而后看有无大出血，若有，应该马上采用受压法止血。如果有骨折的话，克服疼痛，慢慢清理压埋物，绝对保证骨折部位稳固，不能乱动，更不能受力。如果需要移动身体，骨折部位最好加固好，整体移动，以防造成“二次”损伤。

（4）及时、正确呼救。不慎被压埋后，如果压埋物体重，无法进行自救，要面对现实，不能失去理智，更不能狂呼乱叫，做出非理性的事情来。要审时度势，咬紧牙关，想方设法让双手出来，看准物体的重心，小心翼翼地搬移压在身上的物体。如果发现有人经过，或有人呼喊，或营救接近时，立刻大声呼救。如果喊不出来，拿石头、木棍、刀子等工具敲打能发出声音的物体，引起救援人员的注意。夜间被压埋时，可以使用手电连闪三次，示意救援人员这里有人需要救助。

遇险提示

丛林里不幸被压埋，不能惊慌失措、坐以待毙，要暗示自己是勇敢的人、坚强的人、智慧的人、有福气的人，坚信自己能出去，千万不要冲动，以防止酿成大祸。

12. 丛林里必须面对恐惧与孤独

事件发生

夏天，某地丛林里的野生草药生长旺盛。两位年轻的中药爱好者进山采草药，一株名贵的草药旁边盘踞着一条2米来长的毒蛇，两人没有发现蛇，只顾用专用铁锹专心挖草药，不小心惊动了蛇。蛇吐出信子，仰头准备攻击。一位年轻人扔掉铁锹，吓得惊慌失措，心脏病犯了，当场晕倒在地。另一位年轻人沉着冷静，护住晕倒的同事，用铁锹与蛇对峙，相持了大约3分钟，蛇慢慢转身爬进了灌木丛里。

生存技能

（1）勇敢面对，临危不乱。丛林里危险因素多，突发的“惊吓”多，恐怖的场景多，有些人进入丛林里特别害怕，生怕碰上“怪物”“虫子”“老鼠”“蟒蛇”“鳄鱼”“狼”“黄鼠狼”“壁虎”“蜈蚣”等，越是害怕越容易碰上，受到惊吓的可能性就越大，导致发生“连锁”性的灾难，追悔莫及。丛林里遇到危险了，时间紧迫，需要分秒必争，哪有时间害怕呀。要知道恐惧、害怕只能影响你的思维，使你做出愚蠢的事情来，自己把自己送进无底的深渊。

（2）学会暗示，有点血性。丛林里遇到天然的惊吓，要暗示自己人是最勇敢的，任何“怪物”都怕人，你勇敢了，它就胆小了。要控制情绪，保存好体力，不能轻举妄动，尽量减少体力消耗，不要乱喊、乱叫、乱走、乱跑，以免白白消耗力气，使你陷入被动。保存体力并不是不让你不动、不说、不做，到了该说、该动、该做的时候，必须要敢于说、敢于动、敢于做，这样才能确保不失去每一次逃生的机会。

（3）三思而后行，定下正确的决心。丛林里遇到危险不足为怪，遇到了就不要怕，不要慌，最紧要的是保持头脑清醒，考虑问题要现实，坚持“三思而后行”的原则。①思当下的问题，有无生命安全问题，如何治疗。②思困难程度，判断能不能尽快脱险，携带的食物、药品、器材能坚持几天，计划食物，科学分配体力。③思原地坚守的问题，找出寻找食物与水的具体办法，如何就地取材，建庇护所。④可能继续遇到的“怪物”与“惊吓”，应对方法，心中有数了，也就不恐慌了。

（4）要有必活的信念，要有拼死一搏的精神。面对危险，人需要点精神，只要内心强大，坚信自己能活下去，不害怕“怪物”，活下去的概率就大。因此，丛林里遇到“惊吓”事件后，千万不要呆若木鸡，不能被“吓破胆”，更不能任其发展，坐以待毙。应有拼死一搏的精神气概，在心理上不放弃、不服输、不退缩，生的希望就会来倾向你。要知道，人一旦有了必活的信念，体内最原始的、最深藏的、最奇特的潜能就会无限放大，瞬间被激发出来，令你有超人的本领，转危为安，事后可能连你自己都不会相信这是你干的事。

（5）树立顽强的意志，绝对不放弃。顽强的意志是心理素质高的具体表现，如果你具备了顽强的意志品质，面对危险、困难、“惊吓”“怪物”时，就会从容应对，理性地控制好自己的行为，化险为夷，诸事平安。

（6）保持乐观，认识到自己并不孤独。乐观是一种积极的心态，丛林里遇险，如果不能短时间走出去，要把日月星辰当成朋友；要把高山、江河湖海、树木、鲜花、绿草当成邻居；要把动物看作亲人，与它们说说心里话，主动倾诉倾诉，回忆回忆过去，想想家人、同事的音容笑貌；哼几首小曲，朗诵几首诗歌，就不会有孤独感了，更不会失落了。

遇险提示

恐惧与孤独其实就是纸老虎，你丧失了主动性，失去了勇敢精神，那么你就未战先败了。

13. 遭遇丛林大火

事件发生

前些年的一个初冬，天气干燥，6位喜欢根雕的老人进入一片丛林，由于吸烟，造成大面积森林燃烧。当时的火势很大，他们6个人顺风朝山下跑，结果火随着风很快就烧到了他们。2人被烧死，4人被严重烧伤。教训深刻。

生存技能

（1）了解引发大火的原因。一是自然原因。雷电的袭击、容易燃烧的矿物质、太阳的强烈照射、陨石坠落等。二是人为原因。疏忽大意，人在森林里吸烟、点火烧饭、烤火取暖，引发火灾；航天、航空器材坠落；故意放火；砍伐、爆破、施工作业不当等。

（2）科学预防。①丛林里行走，禁止一切烟火。绝对不吸烟，不点火烧烤，不随意玩火。②确实需要用火时，要加强看管，坚持“人离火灭”，不留隐患。施工作业时，要严格防火制度，配齐消防器材。③在丛林里闻到焦化的燃烧气味时，应提高警惕，及时发现火源情况，提早处理。

（3）积极应对。①迅速做出反应，刻不容缓，头脑要清楚。无论什么原因，在丛林里遇到大火，都不要惊慌失措。要分清主次，哭喊、呆若木鸡是最危险的，逃离火场是第一位的，确保生命安全。②充分利用地形，机智灵活，不能盲目乱跑。跑前，一定要认真观察地形，不要没有目标地乱跑，消耗体力，使自己陷于被动。要看清道路与制高点，可以往没有树木与草丛的空白地带跑，可以朝没有火势的制高点跑，可以往岩石下面跑；可以暂时进入岩洞躲避。③观察火情，随机行动。在紧急情况下，观察火势大小十分重要，如果火势较小，可以独自马上灭掉时，就要坚决灭火，以免造成火势蔓延，出现无法控制的局面。如果火势已大，自己无法灭火时，要立刻逃生，不能犹豫。有时看着火很远，一会儿时间就会烧过来。④根据风情，科学逃生。判断风情最关键，一定要根据风向、风速，确定逃生方向。要坚决果断地向逆风方向跑，因为火是顺风而下的。不能顺风跑，因为风与火的速度快，一会儿就可能追上你。⑤充分发挥主观能动性，善于利用可以利用的资源。发现有水的话，如果会游泳，应该向有水的地方跑。如果确实没有任何地方跑的话，应该以最快的速度建立防护安全圈，在直径尽可能大的地方，清除草、树木等容易燃烧的物质，而后找尖锐的石头，在周围划出一圈小沟，沟的深度、宽度越深越大越好。⑥注意对身体的防护。如果身边有水（没有水，尿也可以），要把手绢浸湿，待火烧过来时，用手绢把鼻子、口、眼睛捂住，面部朝下，紧紧趴在地面，以防止烧坏呼吸道和眼睛。

遇险提示

当发现丛林着火后，要以最快的速度通知防火部门，请有关人员立刻来救火。千万不能贪恋财物，在火场周围停留时间过长，或者贸然进入火场。

三、沙漠遇险的生存技能

1. 了解沙漠特点，评估危险等级

走进沙漠

我国幅员辽阔，陆地上的沙漠与戈壁混合在一起的面积很大，人站在沙漠边沿，远远望去，如同进入黄色海洋一样，广阔无垠，缥缈怡然，蔚为壮观。沙漠里少有居民，人迹罕至，植被极其稀少，地面完全被沙覆盖，降水量少，空气干燥，荒芜寂凉，天边与沙边相连，不知道是天连着沙，还是沙连着天，让人产生无限的遐想。

我国著名的沙漠有塔克拉玛干沙漠、古尔班通古特沙漠、腾格里沙漠、乌兰布和沙漠、库布齐沙漠、浑善达克沙地、巴丹吉林沙漠、柴达木沙漠等。

气候特点

由于沙漠独特的地表特征，地面失去覆盖，沙子里的水分蒸发极快，气候特点十分独特。

（1）雨量稀少，空气干燥，阳光照射强烈，辐射剂量大，地表水存不住，蒸发迅速。

（2）由于地表沙子散热快、吸热快，沙漠里的温度昼夜变化极大，夜间与白天温差可以达到80℃，让人无法适应。热得让人汗流浃背，冷得让人瑟瑟发抖。

（3）受高空空气对流的影响，沙漠地区晴空万里，风力十足，有时吹得人站不住，风声怒吼着，让人感觉极其恐怖。有时因风速、风向、风力的突然改变，导致流沙快速移动，甚至形成沙漏，对人的生命安全构成极大的威胁。

（4）由于低空对流层不稳定，龙卷风、沙尘暴频繁光顾，飞沙走石，遮天蔽日，昏天黑地，恐怖景象，简直令人窒息。

评估危险等级

（1）安全出行级别。气象预报连续7天比较平稳，没有异常变化，昼夜温差在常规范围内，在人的承受范围内；连续1个月没有发生重大自然灾害；近期沙漠里没有发生沙尘暴、飓风、大雪、大雨等，地表没有改变与破坏；有人员、动物存在或正常的活动迹象；沙漠里没有疫情发生，没有放射性污染情况通报，水源、食物安全，没有异常；没有凶猛野兽出没，没有关于野兽伤人的预警通报；没有军事演习及其他工程建设；没有重大刑事案件；没有恐怖事件发生；没有人员失踪的情况发生等。

（2）轻度危险级别。气象预报天气变化大，风、沙尘暴、雨、雪情况异常，昼夜温差超过正常范围，但是在人们能承受的范围之内；自然灾害发生的频率慢、强度低，沙漠里出现数量较多的昆虫，只要认真计划安排，有预案，对人的安全不会构成威胁；疫情属于地方流行的常见季节病等，可以先采取预防措施，不会对生命健康构成危害；水源与食物经过加工、消毒、处理后可以安全食用；有大型动物出没，但是只要防范措施得力，不会构成被侵害的目标；军事演习与工程建设进行中，但是不戒严、不限行、不扣留，不会影响整体出行安排；有一般性的刑事案件，没有恐怖事件发生，有人员失踪的报道与传闻。

（3）重度危险级别。气象预报天气变化异常，沙尘暴、飓风、大雪、大雨接连袭来，沙漠地表局部被破坏，昼夜温差巨大，已经不在人们承受的范围之内了；自然灾害发生剧烈、强度大、损坏面广，沙漠里流沙严重，沙漏多、范围广，对人的安全直接构成严重威胁；疫情与季节病严重流行，对进入该地区的人们的生命安全构成危害；水源与食物污染严重，不能安全食用；有大型凶猛动物出没，人们已经成被侵害的目标；有严重的刑事案件发生，持续不断地发生着恐怖事件；军事演习与工程建设进行中，属于保密级别，严重影响出行安排；失踪人数多，失踪事件频繁。

遇险提示

沙漠里地形地貌复杂，环境恶劣，气候多变，补给困难，遇到的危险难以想象，要有充分的身体、心理与物质准备，计划周到，才能万无一失。

2. 解决水的问题

事件发生

国庆节期间，喜欢摄影的马先生进入了沙漠，他准备拍摄野驴、野骆驼，为了追寻野驴的踪迹，他顺着沙丘边沿走进了沙漠腹地，路上烈日炎炎，他汗流浃背，心跳加剧，呼吸急促，体力严重透支，携带的水早就喝完了。

他强打精神，坚持着走到了一处便于拍照的沙丘上，架好照相机等待野驴出现，不一会就迷糊着了。到了晚上，再也没有醒过来。第二天早上，一位“驴友”路过此地，发现了他，仔细一看，由于严重脱水，他已经没有生命体征了。

生存技能

（1）尽可能多地了解沙漠的特殊气候，务必要高度重视，精心准备，不能马虎。沙漠的主要特点是空气干燥，终年少雨或几乎无雨，气温日变化剧烈。夏季酷热难耐，地面最高气温可以达到50℃~80℃。由于缺少水，植物几乎无法生长。零星见到一些绿色，也是耐干旱的孤零零的植物群落。所以，要想在沙漠里得到自然水，难上加难，原则上以自己准备、携带、储备、科学计划使用水为主。

（2）预先准备充足的水，科学计划使用。一旦进入沙漠里活动，你才知道水贵如金的现实。沙漠是严重缺水的地区，有的地区几乎没有水，由于日照时间长，没有绿色植被的保护，即使部分地区下一点雨，蒸发量也很快，加上风多，几乎是湖干、井枯，水源贫乏。决定进入沙漠前，要根据时间长短、任务轻重、体力消耗情况，准备好充足的水，不能粗心大意，水是保证生命健康的关键。

（3）开动脑筋，就地取水。沙漠里活动时，一旦断水，不要慌张，要用"脑子"找水，掌握找水技巧，幸运之神就可能站在你身边。

1）根据植物找水。沙漠里植物极其稀少，稀少的植物里含有一定的水分，这就是延续你生命的关键。由近至远，立刻寻找绿色植物，如仙人掌、沙棘、芨芨草、胡杨等，这些常见的植物里含有水分，附近可能有水源或地下水。有些植物不能乱吃，以免中毒。

2）根据地形找水。站在原地，环视沙漠四周，如果发现了沙丘背阴面的凹地里有干枯的地藓，可能地下有水。如果发现干枯的河道，要顺着河道寻找，一般在一低洼、背阳的拐弯处，能找到水。

3）根据地上物找水。沙漠里，如果不是最深远的荒凉位置，有可能发现废弃的居民建筑物、动物圈养围栏等，在附近寻找，可能发现隐藏的水源。

4）根据动物找水。动物是水源的信息员，如果发现了骆驼、野驴、野羊、野牛、野马，在体力允许的情况下，跟着它们的踪迹寻找，可能会找到水；如果发现了蜥蜴、蚂蚁群、蚊子、苍蝇、鸟、蜻蜓、蝴蝶、蝎子等，附近可能有水源。

5）收集露水。前提是要有容器、有塑料布、压沉的小石头，而后在沙子里挖一个稍微比容器大的坑，放入容器，盖好塑料布，塑料布上扎几个小洞，小洞对准容器，以便水漏入，把石头放在塑料布上压沉形成漏斗状，耐心等待一晚上，第二天会让你有意外的惊喜。

6）收集蒸馏水。前提是有太阳、足够大的塑料布、容器、简易支架，方法是寻找一处相对潮湿的沙丘，挖深坑，体积大约在1立方米，中心放一个容器，塑料布用支架支撑起来，呈弧形，好似降落伞一样，将蒸发凝聚的水珠引入容器内。

7）自己身上的水比金子还贵重。沙漠里务必要珍惜自己体内的水，关键时候，尿液不仅能喝，也能救命，金子也换不来。沙漠里渴到了无法忍受的地步时，身体已经出现了衰竭症状时。如果有尿，就不能浪费了，喝下去，让生命尽可能延长，生的希望就有了。平时的尿液，特别是最初的尿液，不能随意扔掉，要使用容器收集起来备用。

8）务必要预先意识到水贵如金，学会保存体内的每一滴水。在西北的沙漠地域流传着这样一个故事，远古时期，两个强盗在沙漠里寻找到了一个藏金洞。一个聪明的强盗只拿了少量的黄金，余下的大部分力量用在了拿返回路上的生命之水，最终他奇迹般地走出了沙漠，得到了双份的黄金。另一个强盗，为了多拿一些金子，把生命之水全部舍弃，返回的路途上，因为缺水严重，最终死在了即将走出沙漠的最后一公里的沙丘上，最终人财两空。

在沙漠与戈壁滩上行走，要保持冷静，知道高温与干燥的厉害，采取切实可行的办法，预防无缘无故地损失身体内的每一滴水。在极度缺少水的时候，应该学会吝惜身体内的每一个水分子。如呼出的气体、行走的速度、外界气温的变化、尿液的收集等。

严格行走时间。为了保存体力与减少体内水分损失，炎热的夏天，要昼藏夜行，尽量减少白天活动时间，不要长时间暴露于太阳光下。

严格行走的速度。步伐均匀、缓慢，不要强行活动，以免体内的水分损失过大。

严格包裹。对呼出的气体，可以采取用手帕、布、毛巾将口、鼻轻轻包住的办法，使呼出的气体中所含水分重新被呼进体内。切记在沙漠里行走时，不要小看这样的土做法，往往会延续你的生命数小时，奇迹就此发生。

严格遮挡。当被迫在阳光下行走时，应该用各种草、树枝、布料做一个防阳帽，因为头是散热散水比较多的部位，以保持体内水分不被快速蒸发掉。

严格收集。沙漠里收集水是有技巧的，沙漠的夜间或早晨，有一些杂草上、鹅卵石下可能有水珠形成；有一些石砾上可能形成水潮气，要珍惜这一点点的水珠与潮气，哪怕是一点点，也要想办法吸到嘴里、鼻子里。

遇险提示

沙漠里缺水是客观存在的事实，只要积极主动，仔细寻找，一旦能发现水的蛛丝马迹，就会让自己的生命得以延续。

3. 解决吃的问题

事件发生

暑假，一位年轻人看了一本书，说某沙漠里有宝贝（水晶、玛瑙、玉石等），背上行囊，徒步进入沙漠寻宝。为了找到宝贝，走入沙漠纵深的沙谷里。一阵大风袭来，沙谷被填埋了大半，吓得他不知所措，身陷其中，携带的水与食物丢失了，原来的地物标记全不见了踪影，他迷失了方向。在沙漠里转悠了3天，也没有走出来。饥渴使他再也支撑不住了，晕倒在地，幸亏一辆越野车经过，发现了他，对他实施了救援，捡回了一条命。司机告诉他，其实沙漠里有食物，只是他没有寻找。

生存技能

（1）寻找动物。沙漠里虽然动物种类少，偶尔也能遇到一些，只要你熟悉动物的活动规律、藏身地点，幸运的话，食物就来到你身边了。如沙漠蜥蜴、蝎子、蚂蚁、鸟、野羊、野兔子、狐狸、老鼠、蛇、蜘蛛等，有些动物有毒，需要去掉带毒的部位，动物的皮毛都要留着，储水、御寒、遮阳、避风沙，关键时候都能派上用场。另外，除了观察以外，一定要大胆翻找，阴暗的洼地、枯木周围、杂草根部、石头下面等。

（2）寻找植物。沙漠里的植物少之又少，需要耐心寻找，比较常见的有胡杨、沙柳、沙葱、仙人掌、仙人球、芦荟、沙冬青、沙棘、沙蓬、白刺果、羊角等。另外，要提高警惕，不能随意乱吃，有些植物、鲜花含有毒素，不能吃；有些只能咀嚼，不能吞咽。吃植物时，如果拿不准有无毒素，应该观察颜色、少量尝试，不能一次吃得过多。

（3）储备食物。如果一次收集的食物多，不要浪费，应该制成干，日晒、水煮晾干、烟熏火烤、腌制等，易于保管，逐次食用。

遇险提示

沙漠里断粮后，不要紧张，应该努力寻找，想想过去的野人怎么生活，看看有无植物、动物出现，记住，功夫不负有心人。

4. 解决行的问题

事件发生

去沙漠深处拍摄野马是摄影爱好者的梦想，有一年夏天，一位超级摄影发烧友独自骑骆驼进入了茫茫无边的沙漠，梦想发现野马，近距离接触、拍摄。由于中途刮风，骆驼丢失了，迷失方向，在沙漠里转悠了3天没有出去。身上携带的水也喝光了，渴得他嗓子眼冒烟，眼睛、思维意识模糊。

绝望之际，他突然发现远处朦朦胧胧有个深绿色的湖，湖水碧波荡漾，鱼儿在畅游。他强打精神，欢呼雀跃，高喊："水、水……"

他用尽全力，向湖跑去，没有跑出几步，就发现湖水慢慢消失了，他的精神支柱一下子垮了，口吐鲜血，瘫倒在地上，再也没有站起来。是谁戏弄了他，让他走上了不归路呢？是“海市蜃楼”。

生存技能

（1）遇到“海市蜃楼”怎么办？绝不贸然出击，空耗体力。沙漠与戈壁滩上，由于气候干燥，在空气中的云与水蒸气的作用下，通过阳光的猛烈照射，由于上下层空气温度变化，造成奇异的光学现象，会发生迷人的“海市蜃楼”景观。有时的景象是蔚蓝色的大海；有时的景象是繁华的都市；有时的景象是热闹的集市；有时的景象是富丽堂皇的宫殿；有时的景象是清澈透明的湖泊；有时的景象是一座冰山；有时的景象是一条河……人在严重缺水的情况下，视物模糊，大脑思维也会出现错乱，应特别引起警觉，在身体极度透支与虚弱的情况下，兴奋过度，会有生命危险。

1）保持平静，控制情绪。当意外发现湖泊、海洋、树林、楼阁、冰山时，要冷静观察，切不可空耗体力。即便真是水源，也不能激动，不宜大喊、大笑、蹦跳，避免歇斯底里，精神失常，乐极生悲。

2）学会识别办法，判断虚实。海市蜃楼一般有上蜃、下蜃、侧蜃，务必识别要领。可以移动身体，变换位置观察，从不同的高度、角度、方向观察，真假立刻得知。

（2）遇到走“绕圈路”“鬼打墙”怎么办？绝对不能粗心大意，不盲目迷信。有一年秋天，一位自驾者闯入沙漠寻找胡杨，汽车抛锚了，只好弃车徒步行走。千辛万苦走了一天，耗费掉了大量的体力，生命几乎到了尽头，最后竟然回到了开始出发的位置，实际上没有走出一步路。幸亏车里存有半瓶水，延续了生命，有幸得到一位沙漠驴友的救援。他看着无尽的沙漠，一脸无奈地说：“沙漠里也有‘鬼打墙’，忒瘆得慌，以后再也不敢来了。”

有沙漠生存经验的人知道，其实这不是“鬼打墙”，而是沙漠里特殊的地形、地物、环境、磁场、视物差所致。为什么这么说呢？主要原因有两个：

1）沙漠里的参照物少，而且不明显。大多数人在沙漠里走路时，视觉的虚幻，容易使人放松警惕，开始可能按照兴趣走，或凭着感觉走，或是按照简单的参照物走，以为是直线行走，慢慢地就会发生视觉上的偏差，导致方向感的混乱，最终无法到达预订的目标，最终回头查看行走痕迹，发现根本不是直线行走，而是弯曲行走。而且走的距离越长，弯曲得越严重，最终可能是圆形。

2）空旷无垠，沙连着天、天连着沙，容易使人视觉疲劳，特别是有些参照物不但对比度不明显，还是移动的，甚至可能是时隐时现的。行走了一段距离后，寻找参照物时，发现当初选定的参照物发生移动了，或者消失了，就会产生疑虑、自我怀疑，甚至恐慌，最终可能会迷失方向，甚至是走了“绕圈路”。

解决沙漠“鬼打墙”与“绕圈路”办法很多，主要有以下三种：

1）使用专业的指北针与 GPS 定位导航系统，只要按照指示方向行走，一般不会出问题，这个方法简单可行，安全实用。

2）对照地图行走，预先准备沙漠地图，依照图中与现实的方位物，逐段逐段地行进，不能随心所欲，有疑点的路线要反复在现地与图上确定。

3）画草图定位前进方向，认真细致，严肃对待方向问题，不能盲目自信。采取画草图定位法前进，不要怕麻烦。为了防止出现“鬼打墙”“绕圈路”现象发生，进入沙漠腹地后，要采用后三角连线法前进，边画图边前进确定方向是否正确。每走一段路，就要以自己的站立点为后三角形的顶点，向前方延伸 500~800 米，确定是前进方向的第一站，选择三角形底边中心明显的参照点与自己连成一线，照直前进，边走边用树干、竹竿、助力杆从身后画线，到达第一站中心参照点后，回头查看起始点与画线的轨迹。如此循环往复，就能避免走弯路，或遇到“鬼打墙”“绕圈路”现象。

（3）遇到“沙尘暴”怎么办？有一年夏天，几位喜欢胡杨树的摄影爱好者相约进入了沙漠，正在沙谷里准备摄影器材，忽然天空昏黄，接着狂风怒吼起来，把太阳都给遮蔽住了，鸡蛋大的鹅卵石被风吹得如同利箭，把他们砸得狼狈不堪，惨不忍睹，被迫停止了拍摄，急忙返回内地治疗。

在地的表面覆盖着薄厚不一的沙层，形成广阔的沙砾地区叫沙漠。在硬土层上覆盖着砾石，粗沙的广阔荒漠地区叫戈壁。在我国的西北地区，沙漠与戈壁滩比较集中。著名的沙漠与戈壁滩有塔克拉玛干沙漠、腾格里沙漠与河西走廊戈壁滩等。沙漠与戈壁滩是沙尘暴的温床。

沙暴也称暴风沙或尘暴，是由于大量的沙土被强劲的阵风或大风吹起，飞扬于空中而使空气浑浊，能见度大大降低，甚至接近于零。当地老百姓称："刮起来，飞沙走石，形成沙流，遮天蔽日，如同黑夜一般，恐怖可怕。"

在沙漠与戈壁滩里行走，遇到沙暴到来，人员、牲畜如果不能及时躲避的话，会造成很大的伤害。如眼睛、耳朵、鼻子、咽喉受到沙石的冲击，呼吸道堵塞，引起呼吸困难，甚至窒息而亡。有的还会被沙子埋起来，会被速度极快的飞石击中，引起骨折、脑部外伤等。因此，应该早防范，早准备。

如果实在躲不开，应该就地选择在坚硬的岩石后面，洞穴里隐蔽起来。要保持呼吸道畅通，对眼睛的防护要特别细心。

（4）防护问题不可粗心大意。沙漠里行走遇到的复杂情况多，有时令人防不胜防。因此，防护问题需要细致再细致，不能仓促行走。

1）眼睛的防护。沙漠风多、风大，风中带着沙子、石子，非常容易迷眼。沙漠阳光照射强烈，长时间在阳光下行走，对眼睛的伤害很大，应该预先准备防护镜，把眼睛保护好。

2）当心隐藏的毒虫。一位在沙漠拍摄的摄影家在沙漠深处拍照，亲眼看见沙漠里一条毒蛇从沙子里钻出来，咬了一位经过的“驴友”，导致“驴友”中毒身亡。还有一位探险家进入沙漠腹地探险，突然发现成千上万只蚂蚁疯狂地扑向了一头垂死挣扎的野驴，只是一会儿的工夫，数百斤的野驴就成了一堆白骨。场面令人毛骨悚然，恐怖不已。

在一些沙漠里生存着隐蔽性、伪装性极强的毒蛇、毒蝎子、毒蜘蛛、毒蚂蚁，因此，在行走中应预先准备一些驱蚊虫药物、树枝、助力杆、拐棍、火种、石头等，一旦发现异常，立刻采取自卫行动，驱赶毒虫。

一是警惕蚂蚁。沙漠里有一种可怕的食肉蚂蚁，其攻击力尖锐无比，嘴里产生一种腐蚀性极强的蚁酸，很快就会把动物的肉、骨、皮毛腐蚀掉。这种蚂蚁喜欢群体活动，运动速度极其快，对动物的气味十分敏感。有经验的人进入沙漠后，如果遇到蚂蚁攻击，身上又没有预先准备防护器材，可以采取一个最原始、最简单的土办法对付蚂蚁。观察沙漠周围情况，只要发现能引燃的植物，立刻收集起来，引燃取灰粉，蚂蚁见到火、遇到灰粉，热源与刺激味道，会使蚂蚁不安，迅速逃离。

二是警惕毒蛇、蝎子。行走的路线应远离阴暗的沙谷、沙砾、枯萎的树旁，观察前进道路异常的沙面，如平静的沙面上有凹陷圈，有细微的流沙移动，有动物爬行的痕迹天然中断或消失，保持警惕，最好绕行或打草惊蛇。

（5）当心危险的沙漏、热沙流、流沙河。传说古老的丝绸之路上，一个商人不听劝阻，冒着烈日，牵着马进入了一处沙丘，忽然遇到了一股高速移动的热沙流的包围，躺在沙面上，再也没有苏醒。傍晚，人们经过这里，发现这个商人已经成干尸了。

沙漠深处的危险没有规律性，无法预测的危险情况极其多，死亡陷阱一个接一个，有时令人防不胜防。有经验的“沙漠人”一般会采取以下方法，预防被沙漏、热沙流、流沙河伤害。

1）观察。进入沙漠后，不要一直被美丽的风光迷惑，更不能过于兴奋，应随时观察。使用望远镜最好，如果没有望远镜，肉眼观察也可以，沙漠表面虽然平静、细滑，但只要留心观察，特别是观察细微之处，一定能发现异常，给自己预留时间。

2）听声音。选择一个安静的地方，静心听声音，也可以趴在沙面上侧耳细听，发现异常声音，立刻采取防范措施。

3）宁饶百步远，不贪一步近。沙面行走很艰苦，不能为了省时、省力，冒险走危险的流动沙河、沙缝、沙坑、砂岩，要远远地绕行，以免因小失大，陷入被动。

（6）发生脚泡和烂脚怎么办？有一年暑假，几个技术人员背着设备进入沙漠，其中一个人的鞋里进了沙子，担心掉队，没有清理鞋子，不久脚上磨出了几个大血泡，汗水浸湿的破裂的血泡，化脓感染，晚上开始高热不退，已经无法继续工作了，被迫中途返回。

沙漠的沙子石子多，容易进异物，鞋袜常常被汗水湿透，容易发生摩擦，导致烂脚和脚泡。为防止出现烂脚和脚泡，鞋要大小合适，鞋垫软硬适中；休息时最好把脚拿出来，使脚充分放松，左右活动两脚，促进末端血液循环。一旦进入异物，立刻停下来取出。如果发生烂脚，不要用力抓挠，可用温水洗脚或是太阳局部晒一段时间。如果血泡比较大，不能用不干净的刀子割，以防感染。要注意卫生与消毒，简单安全的办法是用消过毒的尖利东西将泡刺破，使液体流出，注意老皮不要撕下来。保持干燥，缓慢行动。

（7）遭遇“龙卷风”怎么办？龙卷风是一种寿命最短、活动地区最小、破坏力极大的天气现象。它是出现在积雨云底部小范围的猛烈旋风，俗称“龙吸水”。从远处看，好像从积雨云中伸出来的一个象鼻子，它可以悬于空中，也可以下伸到地面或水面。它能将大树连根拔起，把几百斤重的牛、骆驼、马、驴、狼、野猪、鹿、鸟、鱼卷到空中，把轮船卷离海面，甚至把几十吨的锅炉、油罐、火车、高压电线架、无线发射塔等物体卷上天空，吹倒吹翻，危害严重。

沙漠行走时，要眼观六路，耳听八方，密切注意龙卷风的征兆，因为它的破坏力太大了。人的生命在它面前显得微不足道，要及早躲避，及早防范。远离松散的沙丘、沙墙、远古时期的建筑物、现代的高大建筑设施等，以防被砸伤、掩埋、卷走。

遇险提示

沙漠里行走要密切观察道路情况，不能大意，也不能逞能，要预想危险发生的时间、地点、程度，提前做好应对防护准备，确保万无一失。要尽量在有前人经过的地域行走，不宜进出荒僻无人出没的沙地中。

5. 解决住的问题

事件发生

暑假期间，张先生开车带着一家三口去了沙漠游玩，孩子没有玩够，一家人决定野外露营，他们在一条沙谷里搭建了帐篷，沙谷两边，堆积着天然形成的沙墙，形状十分怪异。

后半夜，一阵怪风吹来，沙墙倒塌，压埋了他们的帐篷，幸亏埋得不深，侥幸逃了出来。当地人说，不能随意在山谷里露营。

生存技能

（1）认识住的重要性，不能随心所欲。沙漠里遇到危险，数日出不来，住是必须要面对的问题。住好、住安全、住舒服是沙漠遇险求生的一项重要技能，它对于恢复体力，保持旺盛的精力与斗志，有着极其重要的意义。住不好就会陷入又一次的"死亡陷阱"，因此要特别引起重视。万一听到异常的声音、看到异常的天象、异常的动物集体出现、异常的闪光等，要引起警觉。

（2）勘察地形，心中有数。注意，这是沙漠露营最关键的一步。找一个沙丘高点，观察四周情况，尽量寻找荒废的远古民居、牲畜棚、沙窝子等建筑，如果没有可以利用的物体，应选择沙面平整、结实干燥、背风的沙丘边沿，注意防火、防沙尘暴、防暴风雪、防蚊、防毒虫等地。

（3）支起帐篷，或搭建沙窝子。如果携带帐篷，帐篷开口选择在背风的一面，固定好加力楔子，防止被风吹倒。如果没有制式帐篷，可以在沙丘旁边用沙子围堰，尽量围成一个与人高度差不多的圈，铺上防潮的垫子，也可用衣服、背包、枯树、杂草代替垫子。

（4）要有与动物尸骨做邻居的心理准备。据说在非洲的一个国家，一群在沙漠里旅游露宿的游人，晚上在沙漠里支撑起了三保险帐篷。早上起来，帐篷门开不开了，叫醒其他人，集体用了很大的力气，才把门打开。眼前，一只野牛躺在门口，已经死了多时，吓得他们魂飞魄散。有时，晚上宿营休息时，选择的地点很清净，可是一觉醒来，走出帐篷，可能会发现有"不速之客"与你为邻。如死亡的牛、马、驴、鸵鸟、骆驼、兔子、狼、鸟、老鼠、刺猬等。这些死亡动物，一般是闻到了帐篷里食物、水的气味来光顾帐篷的，恰好走到这里，再也支持不住了，也可能是因为群体迁移途中，动物之间相互争斗死亡的。

（5）善于伪装自己，迷惑大型野兽。沙漠虽然看似广袤无垠，风平浪静，其实危险无处不在。住下来的时候，无数双眼睛盯着你，可能随时向你发起进攻。伪装自己要有技巧，要有耐心，要有勇气。

1）采取掩埋法伪装。就地取材，把住的地方围上可以利用的物品，与周围颜色、背景一致。

2）借助他物，包裹自己。如果发现死亡的大型动物皮毛、骨架，可将皮毛穿在身上，这样气味就被遮掩，形状也有变化，容易骗过狡猾的大型动物。

3）使用草木灰涂抹身体，散撒在住所周围，以为攻味。

（6）废物利用，保护神就在身边。沙漠里其实也不是纯净的地方，有时因为大风、龙卷风、暴风雪、人的进入侵扰、航空航天器的坠落等，遗留一些废物，如聚乙烯板、塑料泡沫板、塑料、纸张、纸板、拖鞋、金属物件，以及日用、农用杂物等，其实这些都是宝贝，收集起来，可以是建筑材料、可以是工具、可以是武器，也可以是食材等。

（7）会生火用火。在沙漠住下后，生火要根据客观需要，一是检查有无火种、火源，如果没有持续的火源，就打消生火的念头。如果有持续的火种，如木材、杂草、可燃杂物等，可以在天黑前采用适合自己的取火方式，引燃火源，同时保持燃烧，转移驻地时，保存好火种。

（8）知道最危险的时间段，不能糊涂。在沙漠住下来之后，不管在什么情况下，都不能完全放松，更不能懒惰，睡得“太死”是最大的危险，应该处于半睡半醒状态，发现问题后，迅速做出判断与反应。要预测最危险的时间段，做出防护方案。如下半夜、天气骤变时、身体最疲惫时。

遇险提示

沙漠里解决住的问题是大事，不能马马虎虎，住不踏实、不安全，会令你陷入一个又一个的危险之中。

6. 解决发送求救信号的问题

事件发生

夏天的一天，摄影爱好者独自进入沙漠腹地拍摄胡杨木。他遇到了狂风，迷失了方向，被困在沙谷里无法出来。风停了，可是断水断粮已经两天了，喉咙嘶哑，无法出声，生命危在旦夕。

危急时刻，他听见一阵汽车的马达声，顿时精神大振，拼了老命，爬上沙丘顶部，脱下衣服，摇晃着；摘下眼镜，对准太阳闪动着，折射光被远处的自驾车友发现，他幸运地得救了。

生存技能

沙漠里遇到危险，数日出不来，要适时、积极、主动、巧妙地与外界联系。通过各种方式，灵活巧妙地告诉救援人员自己所处的位置，需要帮助的项目与要求，目前的身体状况，周围环境，以争取得到外部及时、有效地援救。

其实，在沙漠里遇到危险成功生存下来的人的一个共同的经验是——及时发送求救信号，引来外人救援。相反，一些在沙漠遇到危险，又没有生存经验的人，只知道拼命地走、拼命地喊，对于发出求救信号的方式与方法一无所知，最后因体力不支，或因疾病，或因野兽的袭击而死亡。

（1）火。沙漠里遇险，需要发送求救信号，最简单、最有效的办法就是使用火。在沙丘最高点，燃起大火，浓烟与火光的产生，数百里都能发现这个求救信号。

（2）衣物。发现远处的行人、车辆，立刻用衣物挥舞，大声呼喊，最好使用红色、白色的衣物，容易被发现。

（3）反光器材。使用眼镜、望远镜、镜子、光滑的金属材料，利用太阳光反射原理，随时报警求救。

（4）书信。沙漠里遇险，行走过程中，不要闲着，可以每隔一段时间写求救信，或随风吹走，或放在沙漠表面用石子压稳，或放在明显的地标旁边，一旦外人经过发现，就会找到你。

遇险提示

沙漠里遇到危险，无论自己能不能走出来，务必要随时发送求救信号，发送时要多种形式混合使用，务必要有耐心，而不是消极等待。要相信求救信号一定能被发现，越是到了最后，越不要放弃，因为生命总是偏爱渴望生命的人。

7. 失事飞机坠入

事件发生

十几年前的一天，某国发生了一次空难。飞机在空中遇到紧急情况，被迫降落在一片沙地。飞机爆炸起火，玛亚有幸活着爬出燃烧的飞机，一会儿工夫，飞机燃油再次爆炸，玛亚被气浪抛出去20多米，头碰到大树，死亡了。救援人员赶到时，根据现场情况，专家认为玛亚如果能正确逃生，就能存活下来。

生存技能

（1）迅速离开飞机残骸。翻开近几十年的空难史，可以说太残酷了，燃烧的残骸、破碎的尸体，令人毛骨悚然，恐惧至极。惊呆、悲痛过后，只要是自己还活着，就要设法逃生。无论看到多么惨烈的情景，也不能出现不可控制自己行动的情况发生，要以最快的速度离开燃烧的飞机残骸，以防止二次爆炸带来的伤害。

（2）保持镇静，理智行为。要不断激励自己生存下去的勇气，坚信自己能活下去，是最勇敢的人，是幸运者。同时，仔细观察情况，如果发现有其他生还者，受伤昏迷的话，还应该迅速勇敢地进行救护。

（3）机断行事。分析地形，判断自己所处的位置，及时向外界发出求救信号。因为，现在的航空救援技术非常先进，肯定会有救援人员赶到，只是时间早晚的问题。所以要密切注意前来救援人的信号，及时引导救援人员到达出事地点。如果飞机坠入大海，要预先穿好救生衣，在飞机入水前，深呼一口气，等待时机逃生。

（4）要有长期打算的心理准备。如果找不到其他逃生的路线，应该就地想办法，做好长期守候的准备。要及时观察飞机残骸是否还在燃烧，如果不燃烧，可以走到附近认真寻找有无食品、淡水，只要有可能，就应该收集起来，以备长期食用。

遇险提示

如果飞机残骸仍然燃烧，要远离，确定安全的前提下，随时观察燃烧情况，一旦熄灭后，要在体力可行的前提下，消灭余火，以防止引起山林大火，后患无穷。

四、高原遇险的生存技能

1. 了解高原特点，评估危险等级

走进高原

高原是指海拔在 500 米以上的地区，地势比较平坦或者有一定起伏的地区。打开中华人民共和国地图，不难发现我国有着广袤的高原。高原的自然风光无限，山、水、云具有独特的魅力，动植物珍稀罕见，令人无限向往。

我国著名的高原是黄土高原、内蒙古高原、青藏高原、云贵高原。

特点：难以掌握规律

我国的高原地区广袤，四大高原海拔高度不一，各有特点，变化无常，风力、雨水、温差、季节交替时间节点也大不相同。所以会有独特的特点，需要引起重视。

复杂无常

高原海拔高，气压低，氧气含量少，气候变化大，异常天气频繁，有的地区干燥寒冷；有的地方昼夜温差大；有的地方日照强烈；有的地方多雪；有的地方多风；有的地方多沙；有的地方多水；有的地方多山；有的地方长年积累的冰雪不化；有的地方常刮飓风；有的地方沙尘暴肆虐，需要特别警觉。

灾害多种多样

有的高原地区降雪量比较大，局部地区容易造成雪灾。

有的高原地区雨水多，容易发生泥石流、山体滑坡。

有的高原地区飓风多，刮风时飞沙走石，昏天黑地。

有的高原地区紫外线强，长时间照射，容易伤人。

大风来无影、去无踪

高原地区的气流十分紊乱，少有规律性。有的地区常年刮风，有的地区的风速随海拔高度的增加而增大，高原的夜间风速大，还经常刮旋风、沙尘暴、白毛风等。

危险系数大

高原地区因受气候影响，复杂的地形和特殊的地质结构，使得道路路面狭窄，坑洼不平，曲半径较小，坡度较陡，盘旋道路、急转弯与直上直下道路并存，遇到雨雪风天气，步行、骑自行车、开机动车、骑马都十分困难，危险指数极高。

总体要求

能去一次高原极限地区（海拔 3000 米以上）旅游是大多数人的一个梦想，为了实现这个梦想，人们争先恐后地以各种方式进入高原极限地区。当人们热情高涨地进入美丽的高原极限地区时，必须要冷静地考虑一下安全与健康问题。因为高原极限地区不同于平原的气候与环境，气候与环境极其特殊，对身体条件的要求很严格，不仅需要有健康的身体，还需要有良好的心理素质。高原局部极限地区的道路危险、情况复杂，对进入高原局部极限地区旅游的人是个巨大挑战。因为，高原局部极限地区多发的自然灾害和恶劣的气候，将会给前来旅游的人带来前所未见的困难和影响。严酷地现实告诉人们，在高原局部极限地区旅游，生命安全最重要。当人们遇到危险以后，能迅速做出危险评估，正确运用简单、实用的避险技能，机智处置，切实保证生命安全是第一位的大事。

评估危险等级

（1）安全出行级别。气象预报连续 7 天比较平稳，没有异常变化；连续一个月没有发生重大自然灾害，高原地质结构没有发生改变与破坏；有人员、动物存在或正常的活动迹象；没有疫情发生，没有放射性污染情况通报，水源、食物安全，没有异常；没有凶猛野兽出没，没有关于野兽伤人的预警通报；没有军事演习及其他工程建设；没有重大刑事案件；没有恐怖事件发生等。

（2）轻度危险级别。气象预报天气变化大，雨、雪、风、气温异常，但是能在人们承受的范围之内；自然灾害发生的频率慢、强度低，只要认真计划安排，有预案，对人的安全不会构成威胁；疫情属于地方流行的常见的季节性疾病，可以预先采取预防措施，不会对生命健康构成危害；水源与食物经过加工、消毒、处理，可以安全食用；有大型动物出没，但只要防范措施得力，不会构成被侵害的目标；军事演习与工程建设进行中，但是不戒严、不限行、不扣留，不会影响整体出行安排；有一般性的刑事案件，没有恐怖事件发生。

（3）重度危险级别。气象预报变化异常，雨、雪、风、气温来袭，不在人们承受的范围之内了；自然灾害发生剧烈、强度大、损坏面广，对人的安全直接构成严重威胁；疫情与季节病严重流行，对进入该高原地区的人们的生命健康构成危害；水源与食物污染严重，不能安全食用；有大型凶猛动物出没，人们已经成为被侵害的目标；有严重的刑事案件发生，持续不断发生着恐怖事件；军事演习与工程建设进行中，属于保密级别，严重影响出行安排。

遇险提示

高原局部极限地区的美好风光与危险并存，只要进入高原局部极限地区活动，无论什么情况，都要提高警惕，提前做好安全的功课，预有防备。

2. 认识高原，遇险不惊

事件发生

某年8月的一天，某公司小黄开车与妻子一起进入青藏高原旅游。进入高原以后，当车行至4200多米的一个山口时，突然汽车熄火了，他下车修车。一时没有修好，就吃了几大块牛肉，一会儿工夫，就感到呼吸困难，恶心呕吐，迈都迈不动步了，脚下好像踩到了棉花，倒在汽车旁，处于昏迷状态。

妻子吓得赶快四处喊人，就在他感到生命已经到了最后时刻时，妻子拦住一辆军车，解放军军医下车赶快把氧气袋拿出来，给他吸氧。10分钟后，把他从死亡的边缘拉了回来。解放军医生告诉他，刚刚进入海拔地区，千万不能吃得太饱。

生存技能

资料显示，人在1500米的高度，人体就会开始产生一系列的生理反应；在5000米的高度，人体就难以适应了；在8500米的高度，就到达了生命的极限。人体对气压的变化，一般适应能力较强。但初上高原的人，由于身体各器官不适应高原环境，会出现严重的缺氧症状。通常情况下，随着高度的增加，大气压力会按照一定的规律下降，空气中的含氧量也按规律减少。这时人体吸入肺部空气中的氧分压也随之下降，出现血氧量减少的现象。

高原病分为急、慢性高原反应，高原肺水肿，高原昏迷，高原心脏病，高原血压异常等。

初上高原的人，有些人会出现急性高原反应，其具体的症状是浑身无力、头脑沉重、耳鸣、失眠、抽搐、胸口发堵、气短、血压升高、腹痛、恶心、呕吐、消化不良、浑身无力、关节酸痛、全身或局部浮肿，因人体的体质与差异不同，出现的症状也有多有少，有重有轻。

有些人还会出现“高原红”现象，主要表现是：面部出现紫红色，嘴唇发紫。主要原因是慢性、长期缺氧引起红细胞增多，毛细血管增长和扩张。轻度缺氧，对人的大脑损害是轻微的；中度缺氧，大脑中枢神经的部分功能会受到影响；重度缺氧，会造成大脑受到严重损害，极其严重时，还会危及生命。

高原局部极限地区一般是指海拔在3000米以上的高地和山地，我们国家的高原地区多集中在青海、西藏、新疆、贵州、四川、云南等省（区）。高原地区空气稀薄，气象多变，温差较大，人烟稀少，气候寒冷，风向多变，日照强烈，多风暴，雪崩、山体滑坡、滚石、洪水与泥石流泛滥。

（1）保持良好的心态，不能有畏惧感。大部分人初到高原极限地区，都有或轻或重的高原反应，一般什么样的人会有高原反应没有规律可循，避免或减轻高原反应的最好方法是保持良好的心态，许多反应症状都是由于心理作用而引起的，比如对高原有恐惧心理，缺乏思想准备和战胜高原决心的人，出现高原反应的机会就多。

（2）保持体力，减少氧气消耗，注意休息。在高原地区旅游或者从事其他活动，不可急速行走，更不能跑步或奔跑，也不能高声连续说话，更不能唱歌；不宜做繁重的体力劳动，以减少体内对氧气的消耗。在休息地点，不要过于兴奋，要多睡觉，少思考问题。

（3）合理饮食。一定不能暴饮暴食，以免加重消化器官负担，造成严重的胃肠反应。不要饮酒和吸烟，多食蔬菜和水果等富有维生素的食品，适量饮水，注意保暖，少洗澡以避免受凉、感冒、发烧和消耗体力。

（4）准备一些缓解高原反应的药品与物品。如高原红景天、高原安、西洋参含片、百服宁、西洋参、速效救心丸、丹参丸、口服葡萄糖液和氧气袋等。

（5）充分的物资准备。进入高原局部极限地区前，要把食物、衣物、防护镜、通信器材、照明器材准备好，越详细、越全面越好，不要嫌麻烦。如果是自己驾驶汽车，要注意检查保养车辆，把备件准备好。必要时，要及早安装 GPS 全球定位系统。

（6）进行卫生健康准备，随时关注身体健康。根据疫情情况，可以去医院提前打疫苗，在医生的指导下，准备一些常用药、氧气袋等。进入高原局部极限地区以后，要注意监测脉搏、血压、呼吸和体温情况，综合判断身体情况。

遇险提示

有些轻微的反应是正常的，不要大惊小怪，以免影响旅游心情。一般情况下，高原反应症状在1~2天内可以消除，适应力弱的人需要3~7天。个别人需要1个月，甚至3个月的时间，才能完全适应。如果感到自己的身体情况异常，不要强忍着，要立刻去医院检查治疗。

3. 务必正确选择道路

事件发生

进入高原局部极限地区以后，你才知道高原的面积有多大，荒凉的道路有多难行，路况有多么危险。为了安全，选择道路是最重要的问题。某年7月的一天，喜欢自驾游的张某进入高原局部极限地区以后，看着美丽的景色，竟然把道路与安全忘了。自认为驾驶技术好，强行通过一条崎岖的山路，在下坡时，刹车失灵，掉入10多米深的沟里，汽车报废，自己受了重伤，后半生离不开轮椅了，教训深刻。

生存技能

（1）看清道路的本来面目。高原局部极限地区广阔，部分山区降雨量比较大，雷暴、狂风也比较多，通常集中在夏季与秋季，局部山区容易造成山洪暴发、泥石流和雪崩。部分道路经常被迫中断，有时要等几天，甚至几个月才能通行。

目前高原局部极限地区的道路发展虽然很迅速，但多数道路狭窄，盘山道多，路况一般，急转弯多，很容易发生意外。一到雨季，简易道路很泥泞，通行能力差。

高原局部极限地区山多，道路多陡坡。直上直下的路随处可见，上坡时，个别路段的坡度可以达到50多度；下坡时，个别路段可以达到60多度，很危险。另外，由于地质结构的原因，个别道路是搓板路，凸凹不平，驾驶中会出现严重的颠震现象，对车况、技术性能、驾驶技术要求很高。

高原局部极限地区的局部山区，风速随高度的增加而增大，高山山顶夜间风速大，而山谷白天风速大。山地还经常形成旋风，对驾驶车辆影响很大。需要特别加以注意。

进入冬季，高原极限地区部分地域雪很多，道路常年积雪，形成冰雪交融之路，对车辆通行影响很大。

（2）选择国道。国道的路况好，设施完备，标志牌清晰，服务系统健全，安全系数高。

（3）选择标准的简易公路。如果你需要进入偏僻的高原局部极限地区活动，要选择标准的简易道路行走。活动中，要注意观察周围的情况，特别是对地质情况要了解，对可能发生的塌方、泥石流、滑坡、滚石、雪崩预有准备，提前做出判断，及早躲避，或者绕道而行。

（4）进入高原局部极限地区活动时，尽量走平坦之路，远离盘山、泥泞、冰雪路。驾驶汽车也好，徒步也好，要避开危险地段，走安全、平坦之路，不要怕绕远，安全第一。在路上，多想一些应急对策。

（5）不要冒险。在高原局部极限地区，很多地方没有现成的道路，要观察地域情况，做出综合判断，不能贸然行动，以免发生意外。

遇险提示

进入高原局部极限地区以后：①认真看地图，了解全地域各种道路情况，心中有数；②随机应变，根据气候变化，随时调整前进道路；③积极调查，充分了解情况，主动向当地人询问道路情况，判断可能出现的问题，而后综合进行选择道路，切实保证安全。

4. 认真选择休息地点

事件发生

进入高原局部极限地区后，要看的景色很多，有些人还要进入人烟稀少的地域观景、拍照、摄影，途中需要休息，为了安全，选择好休息地点很重要。

某年9月的一天，内地几位旅游者进入高原局部极限地区后，被美丽的神湖景色迷住了，由于错过了拍照的好时机，他们决定在附近休息，第二天继续观看独特的日出风采。他们在一个山谷里铺上毯子，点起火，吃着野餐。半夜，突然下起了暴雨，泥石流把他们砸伤，差点把命搭上，高级照相器材全部被毁掉，损失惨重。

生存技能

（1）看清休息地点的本来面目。在高原局部极限地区活动，由于高原缺氧，时间一长，耗费体力大，必须要经常休息。人员如果休息不好，就会陷入“死亡陷阱”。休息应该说是严肃的课题，它对于恢复体力，保持旺盛的精力与斗志，有着极其重要的意义。要想休息好，休息地点的选择很关键。地点选择不好，就容易遭到野兽的袭击，遭到恶劣天气的袭击，遭到泥石流、山洪、雪崩、塌方的袭击，遭到严寒、酷暑、紫外线的伤害。如果必须在野外休息，要认真确定休息地点，这是关系到生与死的大问题，因此要特别重视，万万不能马虎大意。

（2）头脑要清楚，谨慎选择休息地点。如果在荒山、林地过夜休息时，应避开悬崖、陡坡、峡谷与可能发生山洪、滑坡、滚石和雪崩的危险区，要远离毒虫与猛兽经常出没的地区。如果在草原、高原地过夜休息时，应选择有水、背风、干燥、宽敞，便于出行的地点。注意防火、防风暴、防暴风雪、防泥石流、防暴雨、防紫外线照射和野兽袭击。

（3）基本的卫生条件要考虑。远离腐败肮脏之地，远离老鼠经常出现的地域，远离蚊虫较多的地域。炎热条件下休息时，应注意防暑、防紫外线照射、防病、防蚊、防毒虫、防雷击、防暴雨、防火灾等。寒冷条件下休息，应注意防冻、防呼吸道疾病的发生。

（4）保持高度警惕，随时做出足够有效的反应。不管什么情况下，在高原局部极限地区休息时都不能睡得"太死"，应该处于半睡半醒状态，发现问题后，迅速做出判断，正确逃生。

遇险提示

在高原局部极限地区休息，不能麻痹大意，一要认真看周围情况，预先判断是否会有危险到来；二要时刻提高警惕性，遇到危险，迅速做出反应。

5. 计算行走时间与前进速度

事件发生

某年6月的一天，张经理带公司的几个喜欢旅游的人进入高原局部极限地区，看到美丽的雪山、大峡谷以后，张经理他们太兴奋了，忘记西藏是高原，缺少氧气。他们听说南部地区有野生动物，决定徒步翻山去看。在途中，为了赶时间，张经理他们没有休息，把中午的时间也用上了，顶着烈日，走的速度很快，长途跋涉6小时，后面的一位副经理心脏不好，紧追其后，冒着虚汗，在上一个山坡时，副经理突然感到全身无力，小声说了一声不好，就瘫倒在山坡上，被人们紧急送到医院，抢救了10多个小时，副经理才醒过来。由于大脑缺氧，影响了智力。

生存技能

（1）科学计划安排行走时间与行走速度，高度重视。高原局部极限地区，空气中含氧量低，人员行走的时间如果把握不好，速度如果控制不好，耗费的体力就会成倍增大，心脏及循环系统负担增大，当负担到一定程度时，就承受不住身体的需要了，无法正常提供营养物质，导致生命危险发生。初上高原的人，如果在高原局部极限地区连续在炎热的气候中行走时间超过1小时，速度与陆地一样，人就会感到不适，心肺功能就会降低，严重时会危及生命。所以，一定要严格控制时间与行进速度，千万不能麻痹大意。务必要根据体力情况，认真计算出行时间和行走速度，这是个大问题，不能忽视。

（2）根据体质、气候，科学计算行走时间。初到高原局部极限地区的人，一次外出，连续行走不能超过 30 分钟。外出时间应选择上午 9 点以后，11 点前结束；中午不外出，好好休息；下午 3 点以后外出，5 点前返回。体质不好的人，根据自己的感觉，适当缩短外出时间。

（3）根据生命体征，确定行走速度。初进高原局部极限地区的人，行走速度一定要慢，一般来讲，比陆地慢半步比较适宜。基本测定方法：①把脉搏，自己走路，1 分钟脉搏跳动不超过 90 次；②感觉呼吸深浅确定走路速度，当感到呼吸困难、吃力、胸口发闷时，说明速度快了，要放缓慢，直到感到呼吸顺畅、不吃力为宜；③根据头、脚的知觉确定速度，当感到脚无力、发软，头晕时，说明走路速度快，要再减慢速度，直到感觉消失为宜。

遇险提示

在高原局部极限地区行走，千万不能因为自己年轻、身体好就逞能。记住，很多不该发生的悲剧就是因为逞能造成的。行走时，感到身体不适，立刻停下来休息，感到问题严重时，及时吸氧，看医生。

6. 保存体力的方法

事件发生

暑假期间，张老师来到了梦寐以求的高原局部极限地区旅游。医生提醒他在高原要注意保存体力，千万不能兴奋过度。48 小时的火车，他没有休息好，接着就乘车来到大峡谷，看到壮观的情景，忘记了自己是 48 岁的人了，把保存体力的事忘记了。继续与年轻人一起去下一个景点看景色，途中话特别多，嘴一直没有闲着。在爬一个小山时，仍然大声说话，笑声不止，突然感到胸口发堵，眼前一黑，栽下 3 米深的山沟里。身体多处摔伤，带着沉重的心情回到了家。

生存技能

（1）务必认识到保存体力的重要性。去高原局部极限地区旅游，要知道保存体力的重大意义，这是尊重科学，对生命负责的表现。如果过于兴奋，体力消耗过大，空气含氧量本来就少，供血困难，心脏的负担必然加重，大脑在相对缺氧的状态下，很难正常发挥功能，使人出现一系列的行为异常，甚至出现精神症状。由于严重缺氧，对人体内脏伤害很大，使人的各个器官处于“水肿”状态，伤害很大，甚至会出现生命危险。所以，进入高原局部极限地区前，应注意学习卫生保健知识，掌握保存体力的方法，对于生命安全意义重大。初上高原的人，体力消耗很大，合理地保存好体力，对安全旅游很重要。

（2）不能急于活动。初到高原局部极限地区的人，不要急着看景色，要原地休息，多睡觉，以静养心。

（3）少说语。平时说话要慢，不能像在平原地区一样滔滔不绝地随意说话，这样会耗费肺气，有损体内真气。

（4）少用眼。平时少看，或者不看电视节目，长时间看电视节目，会伤害眼睛，使本来就缺少氧的大脑疲劳，对神经有损害。电脑也要少使用，尽量让眼睛得到休息。

（5）常休息。外出活动时，要多进行短暂休息，不能长时间走路，十几分钟就坐下来休息一会。

（6）少携物。外出时，不要带很多东西，应该是轻装简行，以免增加负担。

（7）均匀呼吸。活动中，呼吸要均匀，当感到呼吸困难时，可以深呼吸一口，不断调整呼吸状态，使自己感到合适为止。

遇险提示

一般旅游者在高原局部极限地区活动不是一天两天，需要有充足的体力做保证，所以掌握几手保存体力的方法很重要。

7. 食物与饮水的分配

事件发生

大学毕业的第一天，喜欢画画的小张与小胡就迫不及待地坐火车到了高原局部极限地区。他们原定在高原局部极限地区活动一个月，两个人背着背包开始了漫长的旅游。

一天，两人决定去高原局部极限地区的北部活动，出门前没有认真准备水与食品，认为路上可以买到。上路后没有多久，就把仅有的一瓶水喝得精光，走出才2小时，就把携带的4个面包也吃了。随着时间的流逝，他们越走越远，走了60多里地，几乎见不到一个人，没有一个饮食店。烈日当头，两个人感到口渴难耐，大半天没有水喝，最后竟然晕倒在草地上。幸亏被一个路过的旅游车友发现，及时给他们补充了水与食品，才幸免一死。

生存技能

（1）认识到食物与饮水分配的重要性。进入高原局部极限地区以后，合理分配食物与饮水十分重要，这是生存下去的关键。高原局部极限地区不能与平原相比，饮食不怎么发达，不能凭想象路上会有食品店，路途遥远，可能几百里、几千里看不到一个人，遇不到一个食品店，一定要做好自给自足的思想准备。

食品与饮水是生命的物质基础，外出时要考虑合理分配，早晨、中午、晚上吃多少食物，喝多少水，一定要有一个计划，不要一下子把全天的水和食品“消灭”掉，等到了该用的时候，一时又买不到、找不到，只能听天由命，生命就会受到威胁了。

（2）根据路途进行准备。进入偏远的高原局部极限地区旅游，如果时间很长，可能途中得不到补给，完全靠自己精心准备了。一天的基本饮水量是多少，饮食的最低限度是多少，自己的体力能携带多少，一定要通盘考虑。不能想当然办事，更不能麻痹大意，忽视这个严重的问题。要把路途分为几个“点”，严格管理自己的行为，不到“点”不喝、不吃，铁的纪律，才能使饮水与食品的作用最大限度地发挥出来，从而保证生命安全。

（3）根据情况安排饮水与饮食。高原局部极限地区的情况很复杂，气候瞬息万变，当你在路上遇到麻烦，进退两难时，要立刻清查身上的饮水与食物，把情况想到最坏。每天限量饮水与食物，这样可以使生命最大限度地延续下去，直到救援人员赶到。

遇险提示

饮水与食品是关系生命的大事，一丝一毫也不能松懈；准备得越充足，分配使用得越合理，生命安全系数越大。

8. 夜间行走的注意事项

事件发生

进入高原局部极限地区以后，最好不要夜间外出行走，特别是在偏远的牧区，更不能随意外出。

某年夏天，3 名公司职员相约进入高原局部极限地区旅游，他们特别想看一看太阳在 3700 米的高原上升起的情景，夜间 2 点就起床，向一个湖泊方向走去。在草丛里，突然发现一只黑乎乎的东西，眼睛冒着绿光，发出怪叫声向他们袭来。其中一人恐惧地大叫一声，大脑受到了强烈刺激，不得不长期休假在家。

生存技能

（1）看清夜间行走的本来面目。有高原局部极限地区生活经历的人都非常清楚，局部山区、牧区的夜里是极其恐怖的，暴雨、狂风、雷电、泥石流、大雪、严寒、野兽常常会不期而至。夜幕降临后，高原局部极限山区中，漆黑的山峦、树木，阵阵寒风吹来，树叶哗啦哗啦地响个不停，令人发怵；野生动物的嚎叫声，给人以恐怖之感。特别是一些昼伏夜出的动物，如猫头鹰、蝙蝠、老鼠、蜘蛛、蝎子、狐狸、野狗等动物，逐步活跃起来了。一些动物会发出阵阵撕破人心的尖叫；一些动物的眼睛冒着绿光，直愣愣地盯着你；一些毒虫会不失时机地向人发起攻击；突然蹿出来的野狗，令人防不胜防。

（2）要有出色的心理素质。进入高原局部极限地区以后，如果必须在夜间外出行走，应该沉着冷静，要彻底放下心来，胆大心细，暗示自己是勇敢的人，树立自信心。

（3）要预先把情况想得全面一些，复杂一些，对策想的周全一些。要想着退路，想着"敌人"可能发动的突然袭击，一旦遇到突发情况，迅速采取措施，确保平安无事。

（4）要对全身进行全面防护。重点对头部及暴露的腿、手、脖子、眼睛、口、鼻部位，涂抹一些防止蚊虫叮咬的草药，戴好防护面具。

（5）要精心准备，不能马虎。出门前把照明器材、通信器材、药品、地图、饮水与食品准备好，以防万一。

（6）要对道路情况进行调查，心中有数。可以仔细询问当地人，远离危险地段。小心脚下的"陷阱"，宁慢勿快。

遇险提示

如果在高原局部极限地区夜间外出，危险性非常大，对人是一个严峻的考验，必须高度重视，不能随心所欲，脑子一热就外出寻找"刺激"，使自己陷于被动。另外，天气不好时，不宜外出。

9. 物资准备与心理准备要充分

事件发生

“十一”长假，喜欢旅游的赵女士与几个爱好旅游的朋友相约进入高原局部极限地区旅游。在神奇的雪山前，赵女士高兴得无以言表，脱了外衣，欢呼雀跃。夜间，一个人睡觉时感冒了，由于出门前没有带药品，也不好意思去找朋友借药，只好强忍着，后半夜严重了，呼吸都困难了，没有准备氧气袋，最后开始大口大口地吐血，她惊恐万分，等人们发现她时，她已经奄奄一息了，被紧急送到医院抢救，抢救了8小时，才保住了性命。医生说，如果一感冒就开始吃药、吸氧气，就不会这么危险了。

生存技能

(1) 务必要认真进行物资准备。高原局部极限地区的条件艰苦，环境恶劣，气候变化无常，各种灾害危险随时发生。为了安全起见，所以准备充足的物资十分重要。如果不准备药品，可能会危及生命；如果不准备好饮水，可能会渴死；如果不准备好食品，可能会体力不支，死于非命；如果不准备照明器材，可能夜间会发生意外事故；如果不准备好服装，可能会受冻；如果不准备通信器材，不准备地图，可能会迷失方向，与外界失去联系，走入死亡之路；车辆的性能、备件与保养工作不做好，就等于对生命不负责任；心理没有预先做好准备，遇到困难和危险，精神可能会崩溃。

（2）心理准备。要有吃苦的心理准备，要有寂寞与孤独的心理准备；要有反差的心理准备；要有胆大的心理准备；要有入乡随俗的心理准备；要有失落的心理准备；要有矛盾的心理准备。

（3）药品准备。可以准备一些消炎药、感冒药、退烧药、止泻药、助消化药、抗过敏药、外用止血药、治疗皮肤病的药膏、眼药水、清凉油、十滴水、抗高原反应药、心血管药、氧气袋等。

（4）食品准备。一些可口的小吃（巧克力、饼干、方便面、火腿肠、口香糖、花生仁、开心果、瓜子）和一些方便的奶粉、豆粉，喜欢喝茶叶的人要带好茶叶，尽可能多地携带饮用水等。

（5）器材与工具准备。照明器材、通信器材、照相器材、摄影器材、地图、指北针、防护眼镜、帽子、遮阳伞、绳子、驱除蚊虫药剂、报警哨、烟雾器、多功能刀、助力杆、防护镜、防晒霜、笔纸、防雨材料、金属或塑料器皿、火种等，预先准备好，以防万一。

（6）衣物与帐篷准备。如果有露营计划，要准备好帐篷、炊具、取暖设备、防寒衣服、睡袋、被褥、垫子、雨具等，一样也不能少。

遇险提示

进入高原局部极限地区前，根据自己的行动计划，可能到达的地域，结合当地的天气情况、灾害情况，准备的物资越科学、越充足、越精细、越实用越好，安全系数越高。

10. 预见危险

事件发生

在高原局部极限地区的山区活动，危险会随时发生，一定要预先躲避，切实保证生命安全。例如，某年8月的一天，王经理借去西北出差的机会，抓紧时间进入了高原局部极限地区，为了赶时间，他马不停蹄地四处观景。听说神湖的风景异常美丽，他决定冒雨穿越崎岖的山路，去看一看神湖的风采。结果在途中遇到了滚石（因雨冲击）袭击，被滚落的大石头砸进沟里，等人们发现他时，他已处于昏迷状态，生命垂危，立刻被送医院抢救，才转危为安。

生存技能

（1）认识潜在的危险。在高原局部极限地区活动，一些地方的地形特殊，环境恶劣，危机重重。为了安全必须要睁大眼睛，竖起耳朵，善于用脑子分析问题，才能确保生命安全。下雨时，要预见到可能会发生泥石流、雷电、山洪、道路塌方、道路下陷等；刮风时，要预见到眼睛、呼吸道可能会受到伤害，被刮倒的高大物体砸伤，被山上因风吹落的石头砸伤，被吹断的电线袭击等；阳光强烈时，可能会受到紫外线的袭击，使皮肤、眼睛受到伤害；翻越海拔超过 4000 米的高山时，可能会缺氧，出现高原反应等；在局部地区活动时，卫生能不能保证？会不会感染疫情？夜间外出活动，会不会迷失方向、掉入深沟、遭遇野兽？因气温很低，可能会受寒生病，心理能不能承受住刺激等。预见危险要思路开阔，预见得越多，对策越全，生命安全系数就越高。

（2）要制定应急措施。进入高原局部极限地区以后，准备外出活动前，要根据天气、地形、时间、车况、人员身体等情况，综合预见可能会发生的危险，而后想方设法避免危险发生。外出时间限制、物资准备、医疗保证、车辆准备、通信联络的准备、食物与饮水的准备、道路选择、急救与护送的方式等，都要有严密的计划，绝对不能马虎。切记，计划与措施必须要科学，简单可行。

（3）要调查研究，取得可行性经验。预见到可能发生的危险以后，除了自己要研究对策外，还要积极主动地向当地有经验的人请教，听他们介绍应对危险的办法和手段，汲取有益的经验，提高避险技能。

（4）要进行必要的训练。根据危险的性质与特点，可以预先进行一些模拟训练（攀越、吸氧方法、防护、包扎、暗示、通信联络、呼救、逃生方式），使自己的体能与心理素质达到一定的水平。

（5）进行必要的物资准备。根据预见的危险，要有针对性地进行器材、简易工具准备，有备无患。

遇险提示

在高原局部极限地区旅游，不能只看迷人的风景，要把安全放在第一位。多考虑一下，下一步会遇到什么危险，采取什么办法应对，需要什么器材与工具，怎么躲避危险。

11. 科学着装

事件发生

某年6月的一天，张女士兴致勃勃地来到高原局部极限地区旅游，看着如诗如画的景色，她异常兴奋。听说山区风景奇特、美丽如画，为了显示自己的身材，穿着高跟鞋就上了路。一路上很辛苦，下车走路时，很吃力，呼吸困难，感到缺氧，腿脚也发软。她在下一个台阶时，高跟鞋的跟被绊了一下，

"扑通"一声摔倒在地，胳臂骨折了，险些闹出人命。不得不中途返回北京治疗。

生存技能

（1）合适的着装。高原局部极限地区山多、水多、草多、风多、雪多、云多、雾多，气候多变，早上、中午、晚上、夜间的气温变化很大，捉摸不定；地形复杂，上午道路还能通行，下午就可能被堵塞了；爬山时，山下、半山腰、山顶的温度与风速也不一样，温度也有显著差异，紫外线照射的强度也有区别，如果你希望身体健康，圆满顺利地完成旅游活动，就要知道着装是很有讲究的。如果你没有着装经验，穿多了，增加负担，消耗体力，还容易感冒；穿少了，受风受寒，严重危害身体健康；上山活动，或者长时间在崎岖不平的山路行走，如果你没有穿旅游鞋，而是穿高跟鞋，脚受罪、消耗的体力也多，还容易发生意外；如果天气寒冷，你没有穿温暖的保暖衣物，没有戴帽子、手套，就容易发生冻伤，甚至危及生命。所以，为了你的安全，一定要认真对待着装问题。

（2）要根据天气预报科学着装。在高原地区旅游，听天气预报很重要。根据当日的气温、雨、雪、风、紫外线强弱等情况，合理穿衣服、戴帽子。出门时可以适当多穿一件衣服，感到热时，中途脱下来。到比较寒冷的地方活动，出门时要穿保暖的衣物，同时还要备一件大衣；袜子要穿绵制厚袜子，鞋要穿高腰，保暖、透气性能好的鞋。

（3）要根据路况与地形，准备着装。如果是长距离在山路行走，要穿旅游鞋、胶鞋或者平底布鞋，戴遮阳帽，穿轻松、舒适的旅游服，不要穿裙子，以防止被树枝、石头挂、拉；出行前，除穿好随身衣服以外，无论温度高低，一定要再备一件厚衣服，以防温度骤然下降。

（4）要根据外出时间，准备着装。如果外出时间短，根据当时的天气情况，穿好基本的衣服、戴好帽子就可以了；如果外出时间长，就要多准备一些衣服，选好鞋子、袜子和帽子，甚至要准备过夜的衣服，因为路上什么情况都可能会发生。

遇险提示

高原局部极限地区的气候多变，紫外线强烈，地形复杂，着装是一件大事，必须要认真研究，科学对待，根据外界情况的变化，随时变换衣物、鞋、袜子、帽子，切实保证安全，顺利地完成好旅游任务。

12. 防紫外线

事件发生

高原局部极限地区的广大地域，终年阳光充足，紫外线特别强烈。夏季的一天，张女士与同事来到高原局部极限地区旅游，她们看到壮观的山、五彩的云、透明的水，兴奋得忘记了“紫外线”袭击，在阳光下摆各种姿势照相。为了选好角度，她们把遮阳伞收起来，也没有戴遮阳帽，更没戴墨镜，在强烈的阳光下暴露了3个多小时。回到帐篷以后，张女士和同事感到脸、脖子皮肤疼痛难忍，起了很多红点，眼睛也开始流泪，痒痒得难受，无法看电视，严重影响了美容。她们心情沉重起来，提早返回了家乡治疗。诊断后，医生说是强烈的紫外线照射时间长引起的急性疾病，容颜的恢复需要很长时间。

生存技能

（1）看清紫外线照射的本来面目。太阳能够辐射出紫外线，紫外线的波长是290~400纳米。适量的紫外线照射对人体有益，但是过量、超强度的照射，就会对人有害。高原局部极限地区的海拔高，平均日照时间长，紫外线强烈。人在没有任何防护的前提下，在强烈的阳光下长时间活动，皮肤、眼睛就容易遭到紫外线的袭击。其症状是：暴露的皮肤痒痒、出现红斑、起小红疙瘩，皮肤甚至会脱落，严重时还会诱发癌症；眼睛遭到紫外线袭击后，出现酸胀、流泪、红肿、视物模糊现象，甚至会诱发眼底病变，导致失明。所以必须要高度重视，认真防护。

（2）认真准备，精心防护。在高原局部极限地区活动，如果日照强烈，哪怕是阴天也要注意防护，因为云彩对紫外线的遮挡是有限的。出门前，要打开遮阳伞，戴好防紫外线的墨镜，准备好一个特大的防紫外线的帽子。要穿长袖、高领上衣，穿长裤子，穿厚袜子，不要把皮肤暴露出来。

（3）科学使用防晒霜。无论是女士，还是男士，进入高原局部极限地区旅游时，都要预先购买质量好的防晒霜。重点将脸、脖子涂抹均匀，同时最好把暴露的其他部位皮肤也涂抹上。为什么有的人涂抹防晒霜以后，还遭受紫外线的袭击呢？主要原因有两个：①使用的防晒霜质量差，根本起不到真正的防晒作用；②涂抹不科学，外出涂抹一次就认为安全了，这是错误的观念。一定要保持2小时的时间就涂抹一次；如果因汗或是饮水冲淡了防晒霜，还要随时涂抹。

（4）注意眼睛卫生，切实保证眼睛健康。进入高原局部极限地区以后，会看到很多迷人的景色，眼睛会“不够用”。千万不能大意，要戴好质量好的防紫外线墨镜，不能贪便宜，随意买一个没有质量保证的墨镜。戴墨镜也有讲究，不要戴一下，摘一下，这样很容易受到紫外线的袭击。

遇险提示

在高原局部极限地区活动时，尽量避开阳光，多在背阴地方走；如果不戴墨镜，眼睛绝对不能长时间看阳光强烈的地方，以免光线反光伤害眼睛；阴天没有阳光时，不能大意，更要注意皮肤与眼睛的保护。

13. 遭遇严寒

事件发生

冬天的一个夜晚，张某独自驾车进高原局部极限地区旅游，过了3200多米的山口后，汽车抛锚了，怎么也修不好。

不久，突然遭到了“寒流”。大雪把道路封了，路上一个人也没有，张某成了独立“占山大王”。温度极低，取暖的木柴也没有，汽车里汽油也没有了，车内温度在零下20多摄氏度。严寒使张某缩在车内，几乎处于昏迷状态。他绝望地闭上双眼等待死亡的到来，幸好一辆车经过，发现了他，及时进行营救，才使他走出困境。

生存技能

（1）重视严寒，不能掉以轻心。高原局部极限地区的冬天很冷，人们应尽量避开冬天进入这样的地域活动。因为在严寒环境下，人员容易发生冻伤，严重时还会威胁生命安全。冻伤是怎么发生的呢？我国北部、西部的广大地域，冬天室外十分寒冷，最冷的1月平均气温都在零下10摄氏度以下，最低气温可以达到零下30多摄氏度。长时间活动在零摄氏度以下的环境之中，没有很好的保暖措施，体质虚弱、饥饿疲劳、伤后失血、活动受到限制，都能促使冻伤发生，甚至造成人员死亡。冻伤是由于寒冷引起局部血液循环障碍所致。常见的冻伤特点是：冻伤主要发生在肢端、关节突出、皮肤暴露多的部位。开始是局部红肿，有肿胀感觉，发痒，有的结节出现水疱，甚至溃破，渗出黄色液体。如果治疗不当，就会持久不愈。

（2）科学应对，积极准备。冬季在高原局部极限地区活动，外出前要进行充分的物资准备，科学计算食物、保暖衣服、停留时间、通信器材等。突然遇到气温急剧下降时，应该以保存身体的热量为主，积极寻找一个避寒冷的地点，不要轻易大喊大叫，更不能强行外出，没有目的地行走，因为这是消耗体内热量的最大“敌人”。在可能的情况下寻找一些含有高热量的食物（动物的肉、脂肪、糌粑、酥油茶、巧克力、糖、奶渣等食物）吃，以提高身体素质，增强抵抗力。必须在外露营睡觉时，把帐篷扎好，要注意用草、垫子把地面垫厚实，盖的东西要牢固，可以烤火取暖。

（3）注意对重点部位的保暖。一些容易暴露的部位很容易发生冻伤，必须采取特殊的办法解决。双手、脚、鼻、脖子及耳郭暴露在外，脂肪少，容易发生冻伤。要戴好手套、围脖、耳护，穿棉毛袜子与棉鞋，鞋与袜子不要太紧，以防影响脚的血液循环。

（4）加强运动，保持血液循环。进入高原寒冷地域后，不要在一个地点长时间坐卧。要经常揉耳郭、搓脚、搓手、活动关节、踏步或者原地小跑步，保持肌肉与关节的柔韧性，促进血液循环，避免冻伤。经常用温水泡手、脚，促进局部的血液循环。水温控制在 20~30℃为宜，可以用适量的生姜、辣椒煎水，趁热浸泡 20 分钟，能起到很好的预防作用。

（5）正确治疗，不能耽误。一旦发生了冻疮，要及时治疗。可以改善局部的血液循环，用温水浸泡后，局部揉擦。民间常用的偏方是：用辣椒秆、茄子秆一同煎水，趁热浸泡；用黑胡椒粉 9 克，放入温水里，清洗患处；用生白萝卜煨热，切片后擦患处。注意当冻疮发生了溃烂后，要注意控制以防感染。可以找些草药涂抹患处，包扎好。

遇险提示

高原局部极限地区的地域广阔，几百公里的道路上看不见一个人。自己徒步也好，骑自行车、驾驶汽车也好，决不能逞能，“放单飞”在寒冷的环境中出行就等于自己向死亡前进。

14. 高原自驾车的原则

事件发生

某年 7 月的一天，某公司的徐总经理连夜自己开车直奔高原局部极限地区旅游。家人告诉他要好好检查一下汽车的技术状况，他说车是进口轿车，不会出事，连续 3 天的行程，他很疲劳了，终于进入了高原局部极限地区。他十分兴奋，不顾劳累，直接开上了5000多米的山口，在下山时，大脑一片空白，暂时失去知觉，踩错了油门，汽车冲下山谷，受了重伤，教训深刻。

生存技能

(1) 思想上要高度重视。自己驾驶汽车去高原旅游，路途遥远，非常艰辛，不是一件小事，要把安全放在首位，不能麻痹大意，自己认为是老驾驶员，有几十万公里的驾龄，就可以忘乎所以。记住：到了高原局部极限地区，看到了道路情况，你才知道什么是后怕。

(2) 全面检查维修车辆，不能带任何故障上路。车辆的技术状况，关系到人的生命，不能贪图省事。出发前，要去4S店认真保养、检测，发电机、发动机、散热系统、刹车系统、轮胎、灯光系统、润滑系统要重点检查、维修、更换和保养。千万不能因小失大。必要时安装GPS定位系统。

(3) 预先选择好前进道路。现在进入高原的道路很多，要选择自己熟悉的道路、海拔相对低的道路、路况相对好的道路、气候条件相对好的道路；首选是国道，这是安全的保证。

(4) 避免突然的脑缺氧发生。刚入高原的驾驶员，由于比较兴奋，觉得自己开车过了3000米、4000米、5000多米的山口都没什么事情发生，还有什么可怕的呢？于是放松了警惕性，在车内与亲人大声说话、抽烟、接听手机等，造成大脑逐渐缺氧，最后神经系统出问题，失去对行驶汽车的控制，导致意外事故发生。所以，要注意短途休息，适当吸氧气，开车时少说话，不抽烟，不接听手机、对讲机，精神饱满地驾驶车辆，随时处置情况。

（5）分段计算好时间。自己驾驶汽车上高原局部极限地区的精神可嘉，但是要注意合理分配体力。初上高原局部极限地区的驾驶员，一定要把路线分成若干个小路段，限制车速，不能超速。最好以 10 公里为一个小段，时速不得超过每小时 40 公里。通过 10 公里以后，要适当休息，切实保证安全。

（6）良好的通信器材。自驾车去高原，风险非常大，对自己是个挑战，对车辆也是挑战，遇到各种突发的情况也是正常的，必须要装备好性能良好的通信器材，还要有备用的通信器材，以便发生问题以后，能迅速通知有关部门来救助。

（7）单车不远行。高原局部极限地区的路途遥远，有时几百里地也见不到一个人、一辆车，所以单车驶入非常危险，万一抛锚在半路，生命安全会受到严重威胁。单车一般不进高原，最好是双车、三车，或者一个车队，互相有照应。

（8）与后方有个交代。出发前，为了以防万一，要把驾驶路线，大约通过的时间，露营地点，着装情况，全部告诉家人，以免发生意外后，家人知道怎么以最快的时间与当地的 110 取得联系。

（9）备材要带全、带细。驾驶汽车最担心的是路上出故障，要准备好常用的器材、备件，想得越细越好，哪怕是一根油管也要想全，切实保证车辆发生故障后，能及时更换。

（10）夜间行车注意事项。因为夜间道路很复杂，夜间不主张开车。必须开车时，要把灯光调整好，速度要慢，拐弯、上下坡要当心，路过狭窄的山口时，防止侧滑，防止泥石流、滚石的袭击。

（11）气象条件很重要。驾驶汽车进入高原局部极限地区，关键要考虑气象因素，避开暴雨、大雪、大雾、大风等天气。

遇险提示

自己驾驶汽车进入高原局部极限地区，千万要谨慎，不能逞能，牢记“宁停三分，不抢一秒”的原则。不能爱面子，感觉身体不适时，立刻休息，或者连续吸氧，切实保证身体健康。

15. 遭遇雪崩

事件发生

高原局部极限地区的一些地域有很多终年积雪的山，美丽得如同仙境一般。几年前的一个夏天，一位爬雪山的爱好者进入高原局部极限地区，准备攀登一座常年积雪的雪山。

他早上开始爬山，经过5小时千辛万苦的努力，终于登上了雪山。望着脚下的山，看着高高的太阳，他激动不已，高声呼喊。

突然，听到脚下雪地里传出隆隆的异常响声，他大喊一声：“不好，雪崩了。”话音一落，大量的积雪从雪山顶处坍塌下去，他没有来得及逃生，随着雪滚落了几十米。最后被十几米深的积雪压埋，再也没有出来。

生存技能

（1）了解雪崩。高原局部极限地区的雪山很多，也很壮丽，但也有人葬身于冰雪之中，其中主要是因为遭遇雪崩。雪崩很可怕，比较大的雪崩发生时，会把大小不一的石头、大量的泥沙、粗壮的树木一起以极快的速度冲撞下来，巨大的能量可以把汽车、帐篷瞬间摧毁。雪崩过程中，还带有“雪崩风”，呼啸而至，速度极快，令人措手不及。雪崩是大自然之神奇现象之一。雪崩发生的主要原因是，在终年积雪的山上，由于积存的雪过重，在强劲的风力作用下，加上阳光照射使底部雪融解，新老雪层的摩擦力减小，会造成重重的积雪顺坡下滑，甚至是大面积坍塌，巨团下滚，情景十分恐怖。也可能是因为地震、炸弹、航空器的意外撞击等外力作用导致大面积雪崩发生。雪崩的破坏力极大，能给附近的人们造成毁灭性的伤害。所以，对雪崩的防范极其重要。

（2）掌握雪崩发生前的征兆。常年生活在雪山附近的人非常有经验，在雪崩发生前，可能在雪山附近听到呼啸的风声，或者有“哗啦啦……”的响声，也可能有“嘎吱、嘎吱……”的断裂声等。发现这些异常情况，要立刻做出反应，谨防发生意外。

（3）善于观察地形与地貌，预防最重要。雪崩容易发生的地区有一定的地貌特征，山坡上有雪崩槽，即上次雪崩发生后留下的沟壑；沟底有雪崩后的堆积物；山坡上方可能会有悬冰川，即悬浮不定的冰川；山脊上可能会有“雷格”。在雪山周围活动时，凡是有这些特征的地区，都应当尽量远离，以防不测。必须通过这些地区时，要选择在凌晨气温尚未升高时行动，这时由于气温低，冰雪层相对牢固，且有较好的能见度。不管在任何情况下，都不要在雪槽内行走，也不要在雪檐下活动或宿营。因为此时新雪旧雪连接不牢，容易发生垮塌造成雪崩。如果爬雪山，要认真检查新旧雪层是否已经连接牢固，需要用冰镐等工具开雪层，查看新旧雪层的接触面是否黏合完好，做到心中有数。

（4）稳定的心理素质与安全距离。心理素质要好，不能惊慌失措，行为失常。任何时候，无论雪崩的情景多么惨烈，理智最重要。在雪山、冰川附近行走，应该与雪山、冰川保持安全距离；要眼观六路，耳听八方；要科学判断雪崩的地点、方向、危害范围，时刻准备逃离危险现场；要善于利用地形与地物保护自己，早作准备，预防为主。

（5）科学选择宿营地。要根据雪崩可能危及的范围，认真选择安全的宿营地。不能靠近雪山、冰川太近；不能在底部有融化的雪山周围露营；不能把营地建在雪山或者冰川的深谷中。要选择便于出行、便于出逃的比较平缓的地点。国外有科学家说，避免雪崩的办法并不难，只要避开坡度大于30度到45度的雪坡就完全可以免遭雪崩的危险。雪崩的发生往往与天气有直接关系。降大雪之后2~3天内应当停止在冰雪地区行动，更不能盲目爬山。中午太阳强烈时，千万不能爬雪山。

（6）着装要合理，注意头部的防护，对手、脚的保护要极其重视。衣服的保暖性要好，注意防冻。一旦被雪压埋，应该奋勇挣脱，不能自我放弃求生的信念。

（7）要有团队精神。集体在雪山附近活动时，大家互相提醒，分工明确，发现情况，按照顺序与路线，立刻撤离。要注意了解情况，心中有数。在这类地区活动，一定要向当地人了解情况，避开可能发生雪崩的地方。如果不得已在这样的地区行走，要时刻注意山坡上的情况。提醒人们在行动中不要大声呼喊，更不要开枪，也不能燃放鞭炮，以防止空气的震动引发雪崩。行走时，互相提醒，时刻保持镇静。一旦遇到雪崩，应迅速向侧面山上逃跑躲避，紧急时刻要果断地扔掉身上的重物，如背包、滑雪板、滑雪杖等，以便一旦被卷入雪崩，可以较轻松地钻出雪堆。

遇险提示

一旦被卷入雪流中，要尽最大力气做游泳动作，努力使自己浮出表面。如果在雪流动的时候不设法浮出，一旦雪的运动停止，人在雪中就很难活动了。出来以后，立刻寻找被压埋的人，发现有人求生的迹象，要立刻挖人。千万不要使用器械，以免伤人。

16. 高原肺水肿

事件发生

高原局部极限地区是林先生梦寐以求的地方，到了暑期，他自己驾驶汽车由青海进入高原局部极限地区，在翻越一个海拔 4300 多米高的山口时，他兴奋起来，跑下车，到外面拍照，同时大声呼喊："我来了，我是最勇敢的驾车人……"话音刚落，他呼吸困难，口吐泡沫，昏倒在路上。多亏被路过的一位医生发现，及时给他吸氧，才使他苏醒过来。医生告诉他，这是典型的肺水肿，如果抢救不及时，就有生命危险了。

生存技能

（1）认识高原肺水肿。高原肺水肿不受年龄限制，一般在海拔 4000 米以上发病，但是，对缺氧敏感者也可发生于 2500~3900 米。发病者一般有三种情况：一是长期居住在海拔低的地方，突然进入高原以后，一时未能适应缺氧环境；二是长期在高原居住，到平原短暂居住，又返回高原者；三是高原居民进入更高地区，在高原地区参加剧烈运动，或者手术患者。

高原肺水肿的主要诱因是上呼吸道感染、过度劳累和寒冷。高原肺水肿发病急，一般不发热，头痛、恶心、心慌、咳嗽、呼吸困难、痰多，痰的颜色呈粉红色沫状，严重者痰从口鼻涌出。

该病只要及时治疗，症状可于数小时内好转。一般 7 日内痊愈。

（2）保持镇静。在高原上，出现肺水肿的症状时，要勇敢地面对，不能惊恐，要有战胜疾病的信心与勇气。

（3）自我检查。有无头痛、心跳加快、呼吸频率快；呼吸是否困难，咳嗽连续、剧烈、痰多少、有无泡沫？有无胸部紧压感、疼痛、憋气等现象。

（4）积极治疗。立刻卧床休息，早期患者更要注意这个问题，停止一切活动，以防病情进一步发展。早期立刻给氧，氧气的流量要大，不能轻易断氧气，以免造成病情反复。

（5）及时送医院。有条件的话，在安全有保证的前提下（有医护人员护送、有充足的氧气、有性能良好的救护车、有接诊医院待命），立刻向低地转移。采取高压氧治疗效果很好。

遇险提示

患过高原肺水肿的人，不应该再到海拔高的地区活动，以防止出现复发。

17. 高原脑水肿

事件发生

爬山是赵先生最喜欢的活动，某年夏天，他与一个朋友一起来到高原局部极限地区，选择了一个雪山，开始登山。在没有充足准备的情况下，登上了6000多米的山。

突然，赵先生大喊一声，我可以飞了，然后飘然倒下，滚下几十米的山。朋友立刻下山寻找，发现他的呼吸已经停止了，立刻进行人工呼吸，他才缓缓苏醒。而后，朋友们立刻把他送医院抢救，经过医生检查、治疗，诊断为脑水肿，需要住院治疗，不能继续旅游了。

生存技能

（1）认识高原脑水肿。大脑的耗氧量大，中枢神经系统、脑细胞对缺氧最敏感，也容易受到损伤。高原脑水肿，一般在海拔4000米以上就可能发病。如果大脑缺氧严重时，就会充血，甚至发生脑出血以及脑细胞坏死，对生命威胁很大。

高原脑水肿最早表现为精神兴奋，好动不安，劲头十足，好与人争论，想入非非，语无伦次，步态不稳，如同醉酒。主要症状是：剧烈头痛、恶心、呕吐、反应迟钝、表情淡漠、神态恍惚、昏睡、昏迷。该病只要及时发现、正确治疗，一般能痊愈。

（2）保持镇静。在高原上，出现脑水肿的症状时，要保持镇静，暗示自己能挺过去，积极配合医生治疗。

（3）自我诊断。有无精神状态异常，平衡能力与控制能力如何，身体部位有无水肿等。

（4）积极治疗。立刻休息，停止一切活动，以防病情进一步发展，延误治疗。防止摔倒、坠地、呕吐物窒息等意外发生。早期立刻吸氧，氧气的流量要大，不能轻易断氧气，以免造成病情加重。应急的中药效果很好，在医生的指导下，可以吃紫雪丹、安宫牛黄丸，也可以配合针灸治疗。

（5）及时送医院。有条件的话，在安全有保证的前提下（有医护人员护送、有充足的氧气、有性能良好的救护车、有接诊医院待命），立刻向低地转移。采取高压氧治疗效果很好。

遇险提示

高原脑水肿的患者，在病情好转时，要注意中枢神经功能恢复，以减少后遗症。

18. 正确使用氧气袋

事件发生

暑假，皎皎与爸爸妈妈来到高原局部极限地区旅游，白天玩了一天，全家人累得回到宾馆就睡，皎皎睡不着，半夜听到妈妈的呼吸很微弱，好像很吃力，她站起来，发现妈妈呼吸困难，嘴唇发紫，用颤抖的手指着氧气袋，示意要吸氧气，然后就昏迷过去了，皎皎紧张地拿过氧气袋，给妈妈戴上吸氧罩。过了20分钟，她发现妈妈没有动静了，赶快到另一个房间叫爸爸，爸爸赶快起床，发现妻子已经停止了呼吸，立刻进行人工呼吸，才苏醒过来。医生赶来后，发现氧气袋的开关根本没有开，实际上等于没有给氧，差点造成无法弥补的后果。

生存技能

（1）认识吸氧与设备。高原吸氧是家庭保健及处理紧急情况时十分重要的手段，是家庭成员应该要掌握的急救技术。

目前，市场上出售的家用氧气袋品种比较多，性能也很好，使用起来灵活方便。一般情况下，来高原旅游前，为了预防缺氧，呼吸困难，就要购买氧气袋，以备急用。

氧气袋是用橡胶制成的类似枕头的气袋，有一管状气嘴，经过此嘴输出氧气和灌注氧气。旅游购买的氧气袋不宜过大，应该掌握在大小适中，携带方便，相对持久，买两个最好，以防万一。买氧气袋时，还应购买一个 1 米多长的胶管鼻塞和一个湿化瓶，刚刚买回来的氧气袋要反复充气，反复拍打，把滑石粉清除掉，以防被患者吸入体内。平时保护氧气袋，避免高温过热，以防止开胶漏气，充填氧气时不可过猛，防止爆裂。

（2）注意事项。使用时要注意以下两个环节：一是准备工作要细致，确认氧气袋没有漏气，气量符合标准，而后将胶管的一头接好鼻塞，另一头接在湿化瓶里，氧气袋与湿化瓶的另一端连接好，准备工作就算完成了。二是掌握氧气袋的特点，当向外输出氧气时，初期的流量大，后期由于袋内氧气消耗，压力自然降低，流量也随之减少。因此，在初期应该适当夹闭氧气袋的输出导管，控制流量，随着氧气慢慢消耗，逐步放开夹闭的导管，最后还应该适当给氧气袋加压，以保持氧气的流量。

（3）掌握吸氧方法，对于缺氧气的人和有高原反应的人很有意义。给氧的方式一般有两种：第一种是鼻导管吸氧，是当前最常用的方法。在吸氧前，要认真向需要的人讲清楚吸氧的必要性，讲清楚吸氧过程中会产生异物感，口、咽不适感，鼓励其克服困难。接着擦干净鼻孔，以水湿润导管的前端，检查导管前端确实畅通后，徐徐插入鼻腔，导管插入长度4~5厘米为宜，如无咳嗽，就可以用胶布将导管固定在面颊部。打开开关，调节氧气流量，即可以吸氧。第二种是口罩吸氧法，此法虽然比较简单，且没有任何刺激，但是浪费比较大，通常多用于小儿。用一漏斗形口罩与氧气导管连接好，将口罩接近患者口鼻约3厘米处，打开开关，即可以吸氧气。

（4）需要注意的问题。整个吸氧过程中，要注意以下三个问题：①密切注意患者的情况，若呼吸由困难到顺畅，心率恢复正常，神智逐步清晰，说明缺氧得到纠正；如果情况继续恶化，呼吸仍然缓慢，应注意有二氧化碳潴留的危险，要立即与医生取得联系，千万不能犹豫，以防发生不测。②要掌握好流量，给氧流量要根据患者的具体情况定，但流量不要太高，特别是呼吸衰竭的患者，否则反而会加重呼吸抑制，造成危险。最好在吸氧前，听取医生的意见。③需要长时间吸氧者，应注意导管的卫生、消毒与通畅，在12~24小时应更换消毒的导管一次，并由另一侧鼻孔插入。

遇险提示

在吸氧过程中，人员在氧气袋附近绝对禁止吸烟，以防发生火灾；患者在吸氧过程中，如需要饮水、饮食，应停止吸氧，待进食、饮水完毕后，再继续吸氧。

19. 夜间的健康安全问题

事件发生

为了圆梦，暑假期间，50岁的贺先生进入高原局部极限地区旅游。白天看着美丽的景色，异常兴奋，晚上躺在床上怎么也睡不着，到了下半夜总算迷糊着了，又想去小便。起床很猛，刚走几步，就感到头晕，身子一软，摔倒在地。昏迷过去，胳臂也骨折了。在地上躺了3小时，险些发生生命危险。

生存技能

（1）重视夜间安全问题，不马虎。初上高原的人，大脑处于缺氧状态，夜间无法入睡。夜间躺在床上，容易出现“迷糊”现象。如果不注意安全，在大脑缺氧严重时，突然猛起，就会使脑神经系统发生紊乱，“指挥”失灵，无法控制身体平衡，造成意外伤害。所以，关注夜间的生命健康问题很重要。

（2）放松心态。在高原上睡眠不好是正常的生理反应，不是什么疾病，克服焦虑心理，保持愉悦的心情对于快速入睡很重要。

（3）保持空气新鲜。可以稍微开点窗户，使空气流动，保证空气含氧量。

（4）不能猛起。夜间起床时，千万要先在床上坐 5 分钟，等呼吸平稳了，心跳正常了，神志清晰了，再缓慢下床。走路要慢，最好扶着东西，防止摔倒。

（5）不能用力解大便。夜间如果要解大便，千万不能使劲过猛，更不能憋气，以免造成心脏负担加重，使大脑缺氧更加严重，发生意外昏厥。最好要使用坐便器，不要使用蹲便器。

（6）正确呼救。夜间如果感到身体异常，千万不能忍着，可以通过电话、手机、呼喊的方式求救，及时采取措施，化解危险。

遇险提示

到高原旅游，夜间是最容易发生危险的时间，特别是凌晨 2~3 点，千万要引起重视，不能麻痹大意。

五、江河湖海遇险的生存技能

1. 了解水的特点，评估危险等级

走进江河湖海

水是人们赖以生存的生命之源，没有水一切无从谈起。打开地图，可以清楚地看到，从北到南，从西到东，都能发现江河湖海径流的地方。

著名的海有渤海、黄海、东海、南海、台湾海峡、琼州海峡。

著名的江有长江、珠江、黑龙江、嫩江、松花江、嘉陵江、漓江、九江、怒江、闽江、丽江、雅鲁藏布江、金沙江、汨罗江、赣江、闽江、湘江、澜沧江、钱塘江、乌苏里江、鸭绿江。

著名的河有黄河、海河、淮河、大渡河、赤水河、滹沱河、沙河、永定河、捞刀河、陡河、塔里木河、柴达木河、辽河、渭河、泾河、洛河、饮马河、沁河、汾河、清河、浏阳河。

著名的湖有洞庭湖、太湖、鄱阳湖、巢湖、洪泽湖、青海湖、西湖、天池、日月潭、纳木错湖。

灾害多种多样

有的海边礁石多，潮水汹涌，隐藏着危险；有的海边空气潮湿，风雨无常，早晚雾气浓；有的海边沙石泥混合，地面、礁石缝隙里隐藏着小动物；有的海边污染严重，污浊的垃圾堆积在海滩，隐患多多；有的海边废弃船舶、器材藏污纳垢，是老鼠、毒虫、海鸟的乐园；有的海边经常会滞留一些从深海中漂流上来的异物与怪异生物；有的近海区域海蜇多，偶尔也会出现一些凶猛、怪异、带毒的水中生物。

海洋的气候多变，季节性的台风、龙卷风、飓风、大雨最为常见。海底地质结构复杂，洋流、旋涡、潮汐朝夕相伴，地震引发的海啸破坏力极大。

有的江河湖边杂草丛生，泥泞淤泥多，路面湿滑；有的江河湖边垃圾遍地，气味难闻；有的江河湖边沼泽连连，蚊虫多如牛毛，是毒虫的藏身之所；有的江河湖边竖立着高大的输电线路，枯树到处可见；有的江河湖边乱石多、死鱼烂虾、腐烂的水生植物多；有的江河湖边人造建筑设施破损，没有安全警告牌，隐患极大；有的江河湖上下游的进出水道会突然发生险情，如泄水、涨水、洪水、泥石流等。有的江河湖里水质复杂，水下杂草杂物多，人工养殖废弃的材料暗藏水中；有的江河湖水中凶猛的鱼类、动物多，它们善于伪装、善于藏匿，一旦被攻击，十分危险。有的江河湖里船只往来繁忙，航道拥挤，水面交通压力大。

江河湖的气候多变，气象灾害频繁光顾，大风、暴雨、大雪、浓雾、雷电、冰雹、台风、龙卷风也是不请自来的常客。

评估危险等级

（1）安全出行级别。气象预报连续 7 天比较平稳，没有异常变化；连续一个月没有发生重大自然灾害，水域结构没有改变与破坏；有人员、水中生物存在或正常的活动迹象；没有疫情发生，没有放射性污染情况通报，水源、食物安全，没有异常；没有伤人的水中生物出没，没有关于水中生物伤人的预警通报；没有军事演习及其他工程建设；没有重大刑事案件；没有恐怖事件发生等。

（2）轻度危险级别。气象预报天气变化大，台风、雨、雪、雷电、气温异常，但是在人们能承受的范围之内；自然灾害发生的频率慢、强度低，只要认真计划安排，有预案，对人的安全不会构成威胁；疫情属于地方流行的常见的季节性疾病等，可以预先采取预防措施，不会对生命健康构成危害；水源与食物经过加工、消毒、处理，可以安全食用；有水中伤人的生物出没，但是只要防范措施得力，不会构成被侵害的目标；军事演习与工程建设进行中，但是不戒严、不限行、不扣留，不会影响整体出行安排；有一般性的刑事案件，没有恐怖事件发生。

（3）重度危险级别。气象预报变化异常，台风、雨、雪、气温、雷电、浓雾来袭，不在人们承受的范围之内了；自然灾害发生剧烈、强度大、损坏面广，对人的安全直接构成严重威胁；疫情与季节病严重流行，对进入该水域的人们的生命健康构成危害；水源与食物污染严重，不能安全食用；有伤人的水中生物出没，人们已经成被侵害的目标；有严重的刑事案件发生，持续不断发生着恐怖事件；军事演习与工程建设进行中，属于保密级别，严重影响出行安排。

遇险提示

美丽的江河湖海是令人向往的地方，美丽的背后往往存在着安全隐患。务必要养成听天气预报的好习惯，只要接近或进入江河湖海，就要提高警惕，眼观六路，耳听八方，把安全放在第一位，才能玩得开心快乐。

2. 水中遇险

事件发生

盛夏，两个学生结伴到野外旅游，途中遇到了一条河流，临时决定下河游泳，由于没有查看水中情况，盲目下水后，同时被水草缠住。一个同学惊慌失措，乱了方寸，手脚乱动，越缠越紧，最后将体力消耗完了，沉入水底死亡。另一个同学十分沉着与冷静，深呼一口气，努力保持身体的平衡，慢慢从原路返回，5 分钟后顺利解脱水草缠绕，平安地游上岸。

生存技能

（1）了解天然的江河湖海，掌握它们的“脾气秉性”，熟知它们暗藏的“杀机”。外出旅游的人们最常去的地方就是江河湖海了，美丽的景色往往令人陶醉，流连忘返，难舍难离。但是，有些江河湖海的岸边、浅近的水域中情况复杂，常常有沼泽、淤泥、暗礁、水草、洋流、旋涡和水下不明生物，稍有大意，就可能发生意外。因此，在水边或下水之前，务必要设法搞好调查研究，做到心中有数。情况不明时，尽可能地远离水域；如果确认水中有水草、暗礁、旋涡、淤泥和不明生物时，主动撤离到安全位置。不冒险，积极预防是最好的安全手段。

（2）正确判断，临危不乱，遇险不慌。水边或水中一旦遇险，保持冷静，争分夺秒，想方设法脱身。请记住只要自己不乱了方寸，90%的人都有生存的希望。水边或水中遇险时，要迅速判断情况，遵守轻重缓急的原则，先解决对生命安全威胁最大的问题，这是求生的大事，不能糊涂。

（3）正确解决被旋涡吸入的险情。水中有时会突然出现旋涡，有些旋涡旋转速度快，吸力强大，误入其中，容易被吸入水底。此时，应保持镇静，立即使身体平卧在水面，加大身体着水面积，同时调整呼吸，保存体力，用蛙泳的姿势，奋力划水，给身体一个加速度，使得身体迅速冲出旋涡。因为旋涡的中心吸引力大，不容易把面积大的物体卷入水底。根据经验，在旋涡中千万不可直立踩水或潜入水中，这样就会被旋涡形成的强大旋转向心力卷入水中，大脑失去暂时的思维，迷迷糊糊地沉入水底。

（4）正确解决被水草缠住或被淤泥陷住时的险情。此时，克服恐惧最重要，不能惊慌失措，更不能呆若木鸡，应尽力使身体平卧、仰卧水面，保持相对平衡，而后慢慢地从原路解脱。千万不要手脚乱动，或直立起来，这样会越缠越紧、越陷越深，最终会造成更大的麻烦，体力耗尽，沉入水中，付出生命的代价。双手或双脚踩水时，应根据被缠、被陷的力道方向，反向巧妙用力，要耐住性子，摸索出解脱的规律，不能乱使劲，直到完全解脱出来。

（5）正确解决腿抽筋问题。水中活动，如果腿抽筋时，鼓足勇气坚持住，暗示自己不怕、能缓解。而后调整呼吸，深吸一口气，仰在水面上，用抽筋腿对侧的手，握住抽筋腿的脚趾，并用力向身体方向拉，同时用另一只手掌压在抽筋的关节上，帮助腿伸直，使抽筋解脱。要顺着抽筋的力道来，缓慢多次扭动、拉伸、屈伸，不能拧着用力，越拧越严重。

（6）正确解决呛水问题。水中活动，不小心呛水了，大可不必慌张，更不能乱了方寸，最重要的是不能连续呛水，可以暂时憋一口气，缓解一下，冷静下来。同时，迅速保持平稳姿态，在水面上闭气静卧一会儿，再把头抬起来，调解呼吸动作，很快就会恢复正常。如果你心慌、紧张、乱中出错，不能控制好自己的身体平衡，就可能再接二连三地发生呛水，甚至会引起喉头痉挛，呼吸道堵塞，危及生命安全。

(7) 正确解决耳朵进水的问题。暑假，一位年轻人徒步到野外摄影时，恰好来到海边。他见到大海，非常兴奋，跳进海里游泳，不慎耳朵里进了水。上岸后，随意从草地里找了一根细草秆，伸向耳朵里掏，发生了严重的感染。几天后，耳朵里脓血臭得难闻，在返回家后，经医生诊治，为重症型中耳炎，严重影响了听力，不得不长期休病假在家治理，教训深刻。

耳朵进水，是水中常遇到的事。有些人喜欢用不干净的细树枝去掏挖，这极容易将耳道黏膜划破，引起感染，造成中耳炎。

正确的方法是当右耳进水时，上岸后把头向右侧歪，右手敲打右耳，右脚用力单跳几次，水很快就会出来。左耳进水时，相反的方向进行即可。耳朵进水看上去并不是什么大事，但是千万不能轻视它，否则将会造成终身的遗憾。

另外，也可以采取鼓耳憋足气，用手将进水的耳朵捂紧，而后迅速放开手，借助真空的外力作用，带出耳朵里的水。

(8) 正确进行溺水后的急救。水中溺水发生的原因很多，主要有以下几方面：①人在水中不慎出现抽筋，造成划水困难，使浮力消失，最终沉入水中。②被旋涡产生的引力卷入水中，或是被杂草缠住，使身体失去平衡，被水淹没。③不慎呛水，造成呼吸道痉挛，使呼吸出现障碍，沉入水中。④争强好胜，超体力长距离游泳，最终出现体力不支，坠入水中。⑤救护者抢救方法不妥，连带自己与溺水者一起沉入水中。所以，预防溺水是关键，急救方法与手段也要掌握。

1）一旦发现有人溺水，如果自己不会游泳，应该向溺水者伸出长竹竿、木杆、长绳子、木块、救生圈或塑料泡沫板，让溺水者抓住，防止身体下沉，然后设法搭救溺水者上岸。如果自己会游泳，在查看水域情况后，安全、迅速下水抢救。为防止溺水者抱住自己，施救者一般要从背后接近溺水者，两手抱住溺水者的髋部，或拖住腋窝，迅速以仰泳姿势将其救上岸。也可以用左手经溺水者的左腰伸向前，握住溺水者的右手，或拖住溺水者的头部，采取仰泳的姿势把溺水者救上岸。记住如果溺水者水中昏迷了，在水中拖救时，应将面部露出水面。如口中没有呕吐物或泥杂物，立刻做口对口数次，之后边游边吹气，直到安全到达岸上。如果溺水者意识清楚，没有呼吸障碍，立刻送到温暖、空气新鲜的地方，擦干身体，换上干净衣服，防止受寒。

2）上岸后，如果发现溺水者停止了呼吸，应该立即清除口鼻中的泥沙、杂草，用手指伸入掏出，保持呼吸道畅通。之后，争分夺秒，立刻控水。方法是：使溺水者俯卧，用衣服卷垫在溺水者肚子下；或救护者左腿跪下，把溺水者的腹部放在右膝上；或将溺水者俯卧在斜坡上，胸与头部朝下，略微抬高溺水者前额，然后用手压迫溺水者的背部。控水时间不能过长，如果按压几下，无水吐出，要抓紧时间进行口对口人工呼吸或俯卧背压法人工呼吸。先让溺水者趴在地上，把他的头偏向一边，一只手伸直，另一只手弯着垫在头下，施救者立刻跪下来，两腿跨在溺水者的肚子两边，展开两手掌，分别压在溺水者左右两边肋骨下面和腰交界的地方，慢慢地一下一下地使劲往下压，每分钟压20次左右，至少要连续做1~2小时。

3）采取口对口的人工呼吸的具体方法是，溺水者仰卧在地，救护者应一手捏住溺水者的鼻孔，以防吹气时漏气，另一只手托起溺水者下颏，使其头部尽量往后仰，用嘴对着溺水者的嘴将气吹入，吹完一口气后，嘴和捏鼻子的手同时离开，以便使入肺的气体自然排出，同时观察溺水者胸部是否有起伏。成人每分钟吹入16~18次，儿童每分钟吹入18~24次，婴儿每分钟吹入30~40次。吹气力量适中，不要过猛、过大，以防吹破气泡（尤其是小儿），也不要过小，以免气体供应不足，达不到急救目的。如此有规律地反复进行，直到溺水者的呼吸出现为止。

4）当溺水者出现微弱的呼吸后，亦不能马上停止人工呼吸，必须要继续进行一段时间，因为此时的呼吸非常微弱，随时都会有再次停止的危险。

5）如果发现溺水者的心脏已经停止跳动，除做人工呼吸外，还要同时进行心脏的起搏按摩，以使其恢复心跳。具体方法是：溺水者仰卧在较为坚硬的地面上，救护者面向溺水者，两腿跨在溺水者的腿部之上，右手掌放在溺水者的胸骨体下端及剑突部，左手掌重叠在右手上，而后稳健有力地向下垂直加压，使得胸下压缩心脏，然后抬起手腕，使得胸部扩张，心脏舒张。这样有节奏地进行60~80次/分。从以往抢救的经验中得知，在手掌用力下压时力度适中，不要过于猛快，以防造成骨折。

通常情况下心脏的起搏按摩，应该与口对口的人工呼吸结合起来，二者要配合一致。一般是吹一口气，做4次左右的心脏起搏按摩。当溺水者苏醒后，应该密切注意他（她）的肺部情况，注意生命体征的测定，如体温的变化、心脏的跳动规律、血压的变化、大小便的情况。特别是7天之内要注意引发吸入性肺炎的发生。必要时及时把溺水者送入医院，观察一段时间，以确保万无一失。

注意在实施人工呼吸之前，应该把溺水者口中的活动假牙拔掉，以防掉入呼吸道。为了保证人工呼吸质量与效果，根据抢救经验，进行人工呼吸的时间一般较长，救护者要有信心和耐心，千万不要轻易放弃。

（9）涉水要当心，应精心准备，不可麻痹大意。如果在江河湖海遇险，要保持清醒，知道江河湖海平静的时候令人陶醉，要看到江河湖海的温存与美丽，滋润着大地万物，里面有鱼儿、绿草和鲜花，但是一旦江河湖海发怒时，也会立刻变脸，冷酷无情，野性难驯。尤其是在雨季或特殊的环境与地质改变时，江河湖海的水位高涨，水流快速，潮涨潮落异常，容易造成洪水泛滥，海啸发生，破坏力极大。所以，准备涉水时，不要匆忙行事。要精心细致准备，要观测水流速度，探察水的深浅，岸边的情况，要把问题考虑得周全一些，真正做到万无一失。如果心里没底，就不要强行涉水，以防发生不测。要学会就地取材，善于利用岸边的植物、废弃物制作船、竹排、木筏等，安全渡过江河湖海。

（10）务必要知道在冰冷的水里时间过长，就会有生命危险。江河湖海的水温会因季节、外界温度的不同而发生变化。夏季阳光充分照射，水表面温度比较高，水底的温度低一些；晚上水表面比较低，水底的温度高一些。海水的平均温度为3.5℃，海水的表面温度受太阳照射的影响，每时每刻都在发生变化；深海与近海的水温也不同。1000米处的水温约为4~5℃，2000米处的水温约为2~3℃，3000米以下的水温为1~2℃。在没有任何防护的前提下，在冰冷刺骨的水里游泳，是十分危险的。由于人体体温必须是相对恒温的，当外界气温过低，人体又没有很好的保温措施时，会消耗掉人体大量的热量。时间一长，就会造成血液循环减慢，心脏逐步停止跳动，直至死亡。所以，江河湖海遇险不慎掉入水中，要迅速分析天气情况，判断出水的大体温度，计算出人体涉水的极限时间。

在没有采取任何防护措施的前提下，不能盲目在水中停留时间过长，以防发生悲剧。

（11）抵御“水中杀手”的突然袭击。夏天，张经理带家人去海边避暑，在水中擅自游过了防鲨网，突然遭到了海蜇的袭击，救治不及，沉入了海底，教训深刻。大自然里的江河湖海是非常神奇的地方，既是人们无限向往的地方，又是人们感到恐惧的地方。有的人到了水边或下水以后，总是问自己会不会从水里突然冒出“杀手”来呢?

一般情况下，在江河湖海的近水区域，由于经常有人出现，不会出现什么特殊的“杀手”，但是较远的水域里，就可能出现一些情况。如人在比较生疏的水域里，遇到一些缠人的水中植物、动物等，极易造成心理恐慌。在水深的区域，会遇到一些大型凶猛的鱼类与动物，如果不及时回避，后果严重。

俗话说：“远怕水，近怕鬼。”由于对遥远的江河湖海不了解，不知道里面究竟藏着什么“怪物”。所以，通常人们是比较惧怕的。一旦你不幸在水中遇险，必须面对江河湖海时，要有心理准备，在理智的前提下，积极观察水面情况，安全第一，生命第一，不可强迫自己贸然下水。如果已经在水中，一定要绕着走。记住：保住了生命，就保住了一切。要学会等待、耐得住寂寞。

（12）正确面对巨浪与旋涡。在波涛汹涌的大海与江河湖里，最常见的水中杀手就是“巨浪”与旋涡。俗话说：“大海无风三尺浪。"大海里的风浪，其波高可在几厘米至30多米，周期为0.5~25秒，波长可以达到数百米。

海浪的大小主要取决于风的大小、风的方向、风的速度和地形、水深条件。人在较大海浪中游泳，很快就会被大浪冲打得精疲力尽，直至体力不支，而听天由命了。

大家都看到过水中的旋涡吧，在江河湖海里的特殊水域，由于水流的流向与速度受风力、风向、大气压力、地转偏转力和摩擦力的影响，水流速度与方向会发生突然的变化。在向心力、引力的作用下，就会形成大小不等的旋涡。如果再加上周期性变化的潮流冲击，就会出现致命的大旋涡。旋涡的直径可达几十米、几百米甚至几千米，中心点引力大得惊人，连过往的船只都会受到伤害。海啸会引发巨浪，其波长数十至数百千米，一般为2~40分钟，波高最大时可以达到30米，可以把巨大的轮船瞬间吞没。

（13）真的有"水鬼"吗？前几年，几个年轻人相邀到野外探险，遇到一条河，大家没有经验，以为水不深，就互相搀扶着徒步涉水过河，到了河中间，水越来越深，流速越来越快，一个人的双腿被缠住了，他惊恐地大喊："救命，水鬼缠住我了……"他这一喊，把其他几个人吓住了，个个面如土色，谁也不敢拉他，更不敢救他，生怕也被"鬼"缠住，眼睁睁地看着他沉入水中。附近的人赶来营救，打捞出尸体时，人们发现缠住他的不是"水鬼"，而是水中的一种草。

究竟水里有没有“水鬼”？其实没有。在野外的江河湖海里，水下生长着各种植物，有的植物吸附力很强，善于抓、扒、拉、缠；有的植物“力气”很大，与你纠缠起来，很难将它扯断。还有一种蛇，生活在亚热带的河流里，人若是不小心侵犯了它，它就会向你攻击，缠住你不放。生活在海洋中的海蜇，伸展起来，有1米多宽，人如果被它蜇住的话，很难脱身。还有电鳗、海蛇也容易攻击人，令人恐慌至极。

所以，在江河湖海遇险，如果必须涉水时，发现“水鬼”缠绕自己，千万不要紧张，因为人一紧张，就容易慌乱，一慌乱，就容易失控。在失控的状态下，非常容易做出荒唐的事情来。涉水前，或在水中游泳，要看周围有无可以被自己利用的“救生器材”，如树、木桩、竹子、藤萝条、塑料泡沫板、汽车轮胎等。

（14）遭遇“海发光”不慌乱。第二次世界大战中，一名优秀飞行员不慎落水，在水中坚持着，正当他筋疲力尽的时候，突然发现前方有个巨大的发光物体，正缓缓地向他靠近，顿时他欣喜若狂，以为遇到了前来营救的人员，可是当他拼命地游向发光体时，发光体却离他越来越远，他拼命地游，结果把他带进了深海，离港口越来越远，最后他大失所望，被无情的旋涡卷进了大海。后来人们判断，这个巨大的发光体是一大群浮游生物发出来的。飞行员判断失误，招致了杀身之祸。

常年在大海中打鱼的渔民和航海者，经常会看到奇特的

"海发光"现象。远远望去，特别诱人，让人充满了无限的遐想。

海发光是海洋中的一种光学现象，由发光浮游生物、发光细菌或大型发光生物引起，使海面出现闪耀或阵性的光亮现象。海发光分火花、弥漫、闪光三种类型。海发光现象多发生在热带海区和水温变化剧烈、年变幅较大的温带海区。

在江河湖海里可能会遇到各种奇怪的现象，千万不能好奇，在体力无法保证的前提下，不能轻易行动，以防止发生意外。要注意观察远处有无过往的船只、观察远处有无灯塔、看天空有无前来搜索的直升机等。

（15）了解海洋的潮汐。海洋潮汐是海水在月球和太阳等天体引潮力作用下产生的周期性涨落现象。一般潮汐的周期为12小时25分，有的海区为24小时50分。由于月球、太阳和地球的相互位置呈周期性变化，一个地区的潮汐过程每天也不同，也称周期性。当月球、太阳和地球大约在一直线时，出现最高潮（大潮）；当月球、太阳和地球三者的位置成为直角时，出现最低潮（小潮）。据资料显示，最大的潮差，可以达到18米以上；最小的潮差仅为7厘米。江河湖海遇险后，掌握潮水的变化规律十分必要。要保持冷静，善于利用潮水的能量，漂移到岸边。特别是在寻找食物时，更要掌握好涨潮、落潮的时间。一些食物会随着涨潮的海水冲上岸，抓住这个大好时机，寻找食物。

对于制造的简易救生船、木筏、竹排、救生圈等器材，务必要固定好，以防止被潮水冲走，断绝了自己的退路。

遇险提示

江河湖海存在着风险，只要预防措施得力，一般不会出问题。一旦水中遇险，要保持镇定，看清情况，分清主次，以保证生命安全为第一要务。

3. 意外掉入冰窟窿

事件发生

寒假期间，一位大学生回家乡，独自去看小时候玩耍的河。河面结冰了，他走上去玩，忽然一冰窟窿塌陷，不慎坠入其中，挣扎了好久，耗尽体力，即将沉水的时候，遇到一位路人经过这，对他实施了救援。后来经过调查，发现这是夜间垂钓的人开凿的冰窟窿，清晨表面结了薄薄的冰，无法承受人体重量。

生存技能

（1）提高警惕，看清楚冰面情况，心中有数。寒冷的冬季里，许多北方的水域结冰。人走上冰面之前，要观察情况，发现裂缝、融化、预设的钓鱼冰窟窿，都要谨慎小心，不要踩上去。为防止掉入冰窟窿里，走上冰面前，应该先探明冰层的厚度，冰层厚度在 15 厘米以上时，一般能够撑住人的体重。此外，还可以找一根 2~4 米长的木棍，或 3 厘米厚的木板，或找来足够长的绳子，一头绑在岸边牢固位置，一头绑在身体腰部，人员可以借助它过冰层，这样安全系数就大了。

（2）保持平稳，防止再次塌陷。一旦不慎掉入冰窟窿里，此时应该保持镇静，千万不能惊慌失措，胡乱挣扎。在保持身体平衡的前提下，不要用双手随意往下压窟窿周围的冰层，这样容易继续损害冰层，导致再次塌陷，后果更加严重。

（3）果断自救，方法正确。冰窟窿里情况危险紧迫，应该用双臂在冰窟窿的断茬处向外撑，而后用整个身体向上平进，这样可以减少身体对冰层的压强，不至于引发冰层大面积破坏。脱离水后，不要站着走，应匍匐前进，减少身体局部对冰层构成的压力。

（4）头脑清晰，按照正确的踩水方式踩水、逃生。如果感到附近有人，可使身体呈直立状，同时要大声呼喊，使救援人员及时赶到营救。如果感到附近根本就不会有人，应该保存体力，减少呼喊次数，想尽办法，及时爬出冰窟窿。

（5）保暖，防止受寒。爬上冰窟窿以后，应立刻更换衣服，进行保暖。有条件的话，可以烤烤火，喝些热姜汤。

遇险提示

掉入冰窟窿里十分危险，体温迅速下降，呼吸、心跳可能会逐渐衰竭，血液循环逐渐减慢，直至停止，需要争分夺秒，想方设法自救或呼救，争取早点上岸。

4. 寻找食物

事件发生

暑假的一天，一位摄影爱好者进入了一个荒岛，结果遇到了飓风，返回的船被海水冲走了，他只好独自住在荒岛自救求生，等待救援。10天的时间，他在海滩上、岩石缝隙中捉螃蟹、鱼虾、贝类、水鸟，喝聚集在岩石缝隙里的雨水，成功地活了下来。

生存技能

（1）认识江河湖海里的食物。水是生命之源，没有水，则没有生命。所以说只要有水，一般就能找到吃的食物。据说水中能提供的食物要比陆地全部耕地提供的食物多1000倍。水中的鱼类、藻类、动物品种多达1500余种，鱼、藻类、动物含有丰富的蛋白质、氨基酸和脂肪，营养容易被人体吸收，容易消化。

水中的虾类品种多，数量极其丰富。深海中的虾含有丰富的氨基酸，其中有人体需要的氨基酸7种，吸收后可直接被人体利用。水中无脊椎动物数量大，品种多。如蟹、乌贼、海参、牡蛎、贻贝、扇贝，都是含有高蛋白质的动物。

（2）常见的水中食物。一般到了水边，最常见的是鱼、虾、蝌蚪、蟹、王八、贝类、蛙、海蜇、鱿鱼、乌贼、海藻、章鱼、海参、牡蛎、螺、蚌、海带、海蚯蚓、蛤喇等。

（3）捕捉方法。如果在海边遇险，一般情况下，只要不辞辛苦，有足够的耐心，充分利用潮涨潮落的机会，寻找滞留在海滩上的食物。也可以在岸边或浅近礁石周围寻找牡蛎、生蚝、海参、螃蟹、皮皮虾、鱼、海蚯蚓、海蜇、海带、乌鱼、鱿鱼等。如果有钓鱼工具，可以选择合适的海水沟，下钩钓鱼，也可以制作鱼叉插鱼；或利用废弃的网，捕鱼围虾。如果在江河湖边遇险，可以在岸边寻找水中食物，围堰、垂钓或网捞，只要能选择好水域位置，一定有收获。另外，水边的淤泥里、石头下、杂草旁、水中的树根附近，挖掘、翻找，有时收获也很大。

（4）掏窝与下套。水边的植物多、岩石多、洞穴多，一些鸟、动物会来到水边选择安全、隐蔽的地方筑巢下蛋、产子，可以根据声音、痕迹、外观，掏窝寻找食物。也可以利用绳子、网子编织成“套索圈套”，放置在动物经过的地方，套住动物。

（5）认真加工，马虎不得。水里的动物、鱼类、藻类非常多，为人们提供了生存的基本条件。要注意的是，获得食物后，在时间、环境、条件允许的前提下，吃前务必要讲究卫生，认真把东西洗净，烧熟、煮熟、烤熟吃，以免微生物、病毒进入体内。记住：煮的时间不要太短，开锅后，应该继续煮10分钟以上。食具应蒸煮消毒10分钟，或火上烧一烧再使用，手要洗净。不到万不得已时，最好不要生吃。

遇险提示

水边与水中的食物丰富多样，就看你的智慧与勇气，只要你能放下身架，模仿古人，找到食物还是不难的。

5. 饮水的学问

事件发生

“十一”长假期间，某公司的几位年轻人去郊区抓蛐蛐，准备参加蛐蛐大赛。为了抓到优质蛐蛐，他们进入了荒郊野外的纵深，随身携带的水喝光了。断水的滋味很难受，忽然遇到了一条河，跑过去喝了个饱。几个小时后，肚子疼痛难忍，发烧恶心，相继昏迷过去，幸亏遇到了护林员，侥幸得到了救助。后来，经过化验，水中含有致病微生物、病菌，必须烧开消毒才能饮用。

生存技能

（1）水是有，但得谨慎饮用。在江河湖海遇险，靠近水源，水肯定不缺，但是要有清醒的意识，不能贸然饮用，特别是海水中含有大量的盐与矿物质，不能直接饮用。不到万不得已时，雪与冰也不能直接入口，需要融化、烧开后饮用。江河湖的水，需要认真观察水质情况，根据情况决定怎么饮用，是不是可以直接饮用还是必须煮沸饮用。

（2）简单的判断方法。观察江河湖的水质情况，看水流情况，如果是一直快速流动的水，选择中间水流位置观察水的颜色，一般是无色、无味、无杂物的水，在没有消毒工具、器皿、火源的情况下，少量、逐渐喝，逐渐适应。如果水不流动，颜色异常、有异味、有杂物，浑浊冒泡，就要小心了，不能乱喝。如果发现江河湖岸边有动物粪便、脚印、毛发、动物尸体等，也不能直接饮用。观察时，如果水源周围有动物饮水，水里有小鱼、小虾游动，说明水源问题不大。

（3）蒸馏取水。如果是海水，一时没有淡水，要利用太阳或火源，制作过蒸馏装置。通过挖大小适中的坑，或利用现成的凹地与特殊的岩壁，把塑料布支撑起来，塑料布形似降落伞一样密闭周围，中间挖一个漏斗口，在漏斗中心放置一个器皿，坠上几块石头，使水蒸气在塑料布上凝固，水珠顺着塑料布流进器皿中，能产生足够量的安全饮用淡水。

（4）融化雪与冰。把雪与冰放入容器中，点火加热，逐渐融化、煮沸，冷却后，就能饮用了。

（5）直接煮沸消毒。如果有火源与耐火的器皿（瓷、陶、铁、铝、铜、银、钢），首先制作简易三角形灶台或三角形烤火架，而后找来易燃物品（干树、干草、干竹子、干藤萝与其他易燃植物等），点火燃烧，把水烧开。水在100℃时，一般致病微生物便不存在了。煮沸的时间不少于5分钟。

（6）间接煮沸消毒。如果没有耐火的器皿，只有塑料的容器，可以在火堆里加热鹅卵石，把烧热的鹅卵石放入储水的塑料容器里，水瞬间沸腾，反复数次，直到水滚开。

遇险提示

江河湖海断水时，需要谨慎用水，消毒是大事，不能放松警惕，不能乱喝生水，以免生病。

6. 遭遇水难

事件发生

某年夏天，两个年轻人去旅游，听说河里有奇石，租借了一条船前往捞石，途中，遇到一处拐弯的激流，船翻了，两人坠落水中，被迫顺水漂流。其中一个发现了一棵枯朽的大树，抱住后，镇定自若，左躲右闪水中的岩石，安全顺水漂流，最终到达岸边，被人营救。他的同伴，胆小，不敢睁眼，结果中途撞上了水中的岩石，受了重伤，再也没有回到岸边，教训深刻。

生存技能

江河湖海上乘船遇难坠入水中是很危险的事，如果自救与互救的方法不得当，缺乏意志力，就会危及生命。那么，在江河湖海乘船时遇难，一旦坠入水中，在波涛汹涌的水里，如何求生呢？

（1）无论遇到什么情况，都不能放弃，要树立信心，暗中鼓励自己，一定能战胜江河湖海，不向困难与恐惧低头。

（2）保持镇静，按照正确的踩水方式，观察情况，如果发现轮船可能有爆炸的迹象，应以最快速度，迅速远离危险地点。

（3）看周围是否有救生衣、救生圈、艇、救生筏等，一旦发现应该立刻抓牢，并正确地使用。同时向外界发出求救信号，不要放过任何呼救机会。如果找不到正规的救生器材，应该努力寻找附近水面有无木头、竹竿、塑料泡沫板及其他漂浮物，如果发现了，应该立即抓牢，千万不能小看这种漂浮物。经验证明，许多水上成功逃生者，就是因为抓住了木头、桌子、柱子等物品，才得以生还的。

（4）观察水面有无从轮船上漂流出来的食品、淡水，如果有的话，只要条件与情况允许，就应该捞起来，以备急用。因为水上求生，食品与淡水是非常重要的。在水中漂流时，千万不要喝海水，千方百计寻找淡水，不要放过任何一次出现在眼前的“食物”。如鱼、甲鱼、贝壳、海参、海藻、螃蟹、虾、海带等。

（5）注意观察，防止被水浪打翻，被旋涡吸入。有些江河湖海的水域中风浪很大，有时涌起的浪头高数米，左右摇摆的力度也非常大，救生器材会被掀翻，人会被水浪卷走，因此应该保持身体的平衡，善于控制救生器材的方向。遇到旋涡，要尽力远离，不能冒险闯进。

（6）如果是晚上，就要注意观察水面的灯光，听轮船的汽笛声音，因为灯光发出的地方可能有港口，汽笛声可能是经过的轮船。要灵活地调整救生器材的方向，努力向灯光与发出汽笛声的地方移动。

（7）随时判断方向。随着水流漂流时，需要判断方向，可以根据北斗七星找到北方，可以根据太阳升起的方向找到东方或南方，可以根据太阳落山的方向找出西方。有了方向，漂流时，就有了生存的希望。

（8）发送求救信号。上岸后，在没有生命危险的情况下，立刻发送求救信号，可以采取生火、放烟、写漂流瓶、放置反光镜、敲打发声等方法，不间断、连续地进行。

（9）善于与“寂静”作伴。据史料记载，1906 年，在太平洋里一艘航行的客轮，遇到大风沉没后，22 名乘客逃上了荒岛。其中有 13 名乘客，因为无法忍耐夜晚，更无法忍受死一样的寂寞，而导致精神崩溃，出现了严重的精神疾病；2 名乘客因为无法忍受寂寞，情绪失控，曾经试图自杀；2 名乘客因心理承受不住寂寞，自杀身亡；4 名乘客患上了"歇斯底里症"，情绪无法控制。

曾经历过荒岛历险的人，最有感触的就是：死一样的寂寞，使人难以忍受，真是生不如死。尤其是到了晚上，漆黑的周围，寒风打到人的身体上，感到阵阵恐怖，令人窒息。如果遇到风浪，呼啸的海浪撞击着岩石，发出的"咣、咣、咣——"的声音，会让人精神崩溃。

在荒岛上，由于海洋性气候，狂风、暴雨、海啸是常见的事情。由于台风的光顾，狂风的风力可以达到 11 级，而且一刮就是几个昼夜，浪高可以达到数米、数十米。暴雨也是荒岛的常客，有时日降雨量可以超过 200 毫米，整个荒岛几乎被雨水淹没，成为一片汪洋。由于狂风与暴雨，还可能引发海啸，汹涌的海浪咆哮着，好似十几米高的城墙，以排山倒海之势压向荒岛，瞬间的荒岛不见了，被汪洋大海淹没了。

长时间被迫生活在严峻的环境里，生命时时处于危险的边缘，人的精神与心理会受到严重的冲击。当寂寞、荒凉、恐惧、饥饿、伤病、疼痛、失眠、死亡不断地、连续地对人产生严重的刺激时，人的心理承受能力就会被"击垮"，突然变得性格暴躁，思维混乱，行为失控，莫名其妙地大喊、大叫、大哭，甚至是自残、自杀，强迫自己发泄心中的郁闷。要引起重视，平时注意心理素质训练。

遇险提示

水中遇难，往往事发突然，没有准备，心理与身体都会受到极大的伤害，务必保持冷静，不能自乱阵脚，判断危险程度，找出求生的最佳方法。

7. 遭遇海啸

事件发生

前几年的一个夏天，东南亚某海滩的人们正在休闲地散步、躺卧、晒太阳，突然深海处发出隆隆巨响，海水冒着泡向海滩扑来。一个沙滩上的孩子发现后，高喊："发生海啸了，快跑。"身边的人们爬起来，赶快朝安全处跑，成功逃生。许多人没有警觉，仍然在沙滩上"休养"，被突然而来的海水淹没，失去了宝贵的生命。

生存技能

（1）认识海啸。海啸会引发巨浪，其波长数十米至数百千米，一般为 2~40 分钟，波高最大时，可以达到 30 米，可以把巨大的轮船瞬间吞没。海啸的破坏力非常大，平时很平静的海面，会突然狂风大作，波涛汹涌，巨浪高达数十米，冲击力达几百万吨。可以在几分钟之内把超级巨轮掀翻，把岸边的楼房及其他建筑设施冲毁。

（2）要有预见性。海啸发生前一般会有许多征兆。如海水逐渐上升，海水浑浊，海水中散发出异味和异常的声音，海底翻滚沙子，一些鱼虾蟹行为异常等。发现不正常的情况后，要及早准备，及早撤离。

（3）反应迅速，刻不容缓。看到海啸发生时，不能呆若木鸡。如果在船上，要立刻向岸上划。上岸后，要立刻向远离海边的安全地点跑，远离建筑物，远离高大的铁架子、广告牌子、汽车、油库等危险地点。为了减轻体重，可以把随身携带的物品扔掉，不能拖累自己。要听指挥，按照顺序跑，不能与人拥挤，以免发生踩踏事件。

（4）勇敢搏击。一旦被海啸卷入水中，要沉着冷静，勇敢顽强地与之抗击。深呼一口气憋住，保持平稳姿势。不能慌乱，尽力控制好自己的身体，更不能主观放弃生存。能多坚持一秒钟，就坚持一秒钟，有时一秒钟也能出现奇迹。

遇险提示

海啸袭来，在求生过程中，要注意脚下、头上的安全，不能被飞来的物品砸伤，更不能被骚乱的人群拥倒。

8. 遭遇洪水

事件发生

20 世纪 80 年代，我国南方发生了罕见的洪水，农民王老汉与赵老汉在砖窑干活，突然洪水滚滚而来，王老汉吓得钻进废弃的砖窑里，躲藏起来，赵老汉用尽全力向烟囱上爬，结果洪水呼啸着把砖窑淹了，只露出烟囱。王老汉被淹死了，赵老汉站在烟囱上，逃过了死亡。

生存技能

（1）认识洪水，知道它是无情的，其破坏力相当大。能把房屋、桥梁、道路冲毁，能把几十厘米粗的大树冲倒，能把人卷走。因此，人们不能忽视洪水的破坏力，要很好地掌握预防洪水的知识。洪水到来后，如果有人现场指挥，就要按照指挥人员的安排统一行动，不能自己随意跑动，以防造成混乱，发生意外。如果没有人指挥，自我求生非常关键。

（2）迅速占领制高点，立刻向高处跑。如山坡上，结实、高大的建筑物上，水塔上。跑的过程中，如果看到有救生圈，长短合适的木头、木板、竹子、汽车内胎等物品，应该迅速抓到手，以备万一，因为高处也可能被洪水淹没。例如，一年夏天，暴雨导致张家村前的一条大河发大水，在波涛汹涌的河水中，村民王老汉抓到了一个木桶，他带着木桶，安全爬上了一个烧砖窑的大烟筒上。看着波涛汹涌的洪水，看着被全部淹没的房子、树木，王老汉长长出了一口气，正准备喘口气，突然烟筒哗啦一声被洪水冲倒了，他落入水中，幸好手中拿着一个木桶，靠着木桶的浮力，使他安全脱身。如果没有这个木桶的话，就可能葬身水底了。

（3）寻找简易救生器材。洪水的速度很快，冲击力巨大，有时不容你跑向高处。此时千万不能躲在房间里听天由命，因为房子进水后，会发生坍塌，危险性更大。及时寻找救生器材，或找一个较大的木板，或上房顶等待救援。如果附近有树的话，还可以爬上树。认真观察洪水的情况，只要认为暂时没有危险，就不要跳入水中漂流，因为在水中漂流很危险。必须跳入水中漂流时，应该寻找一些可以用作简易救生器材的物品，最好是废弃的木船、汽车内胎、门板、桌椅等，最好不要空手下水。

（4）正确地漂流。在水中漂流时，要紧紧抓住简易的救生器材，并注意观察水流方向、速度，发现大石头、锋利的钢钎、树枝等危险物，应该提前调整方向，不能随水流冲上去，以防止发生意外碰伤。有的人在汹涌的水中非常害怕，只顾抱着简易求生器材漂流，根本不敢睁眼观察，这是极其危险的。还有的人胆小，在漂流中总是死死地抱住其他人，或者人与人之间相互抱在一起，这也是极其危险的方法，很可能发生共同死亡的严重问题。

遇险提示

注意预防，洪水到来前是有许多征兆的，如动物反常、水井异常、昆虫异常、天气异常等，要学会观察，善于总结，提早防范。

9. 遭遇暗流

事件发生

暑假期间，风和日丽，王老师到海边旅游，中午下水游泳时，他感觉水性好、体力好，独自向前游出了600米，突然感到水下一股强大的力量在拉他，他没有在意，继续向前游泳，被水下的暗流拉入海底，再也没有回到岸上。

生存技能

（1）认识暗流。暗流是海水在月球和太阳等天体引潮力作用下产生的周期性涨落现象。最大的潮差可以达到18米以上，最小的潮差仅为7厘米。潮水的涨落，力量很大。很容易引发海水深处的力量改变，出现不规则的水流。由于海洋气候变化无常，有些海水日照时间长，温度高；有些海水日照时间短，温度低；在温差的作用下，也容易出现水流的突然改变。

有时海底少量的炽热流岩，会使海水的流动方向发生改变。暗流看似平稳，但凝聚的力量却很大，有时能把小的轮船掀翻，把人拉入水底，改变大轮船的行驶方向。

（2）保持镇静，迅速离开。遇到暗流时，要高度重视，不能慌乱，更不能麻痹大意，自认为暗流没有什么可怕的，不采取任何防范措施。①调整呼吸，稳定心神，密切观察暗流的流向，而后以平稳的姿态，朝安全的方向尽快离去。②谨慎，不能以水性好为由，继续久留，也不能采取潜水姿态游泳，以防止因水温差别、水流力量的改变，被卷入水底。

（3）及时正确地进行自救，同时大声呼救。当发现自己被暗流困住时，应该立刻使用救生器材保护自己，如果没有救生器材，可以向周围的人呼救，千万不能自己强撑着。

遇险提示

暗流有时来得很突然、很隐蔽，看似平缓，但却危机四伏。如果稍有疏忽，就可能发生严重后果。所以，当发现暗流时，必须立刻离开，毫不犹豫。

10. 遭遇蚂蟥

事件发生

某年夏天，一位女士去旅游。在一条小河边，她看到了很多蝌蚪，特别高兴，下水去抓，走着走着突然感到小腿部疼痛，抬起腿一看发现了两个恶心的蚂蟥吸附在腿上。一直生长在城市的她，天生胆子就小，吓得张大嘴巴说不出话来，眼前一黑，昏倒在半米深的小溪流里。一口气没有上来，就被水呛死了，教训深刻。

生存技能

（1）认识蚂蟥，掌握习性。进入水多的地域，特别是江河湖海支流的水道边，常能见的一种水中咬人的软体动物，学名叫蚂蟥，民间也叫它水蛭，一般长 2~10 厘米，颜色呈绿色或灰色，是一种药材。在野外的水沟、小河、湖边比较多见。它的生命力强，夏季繁殖比较快，活动异常。蚂蟥是如何咬人的呢？生物学家通过标本的解剖发现，在其身体两端各有吸盘，吸盘的附着力强，内部的吸管坚硬，可以插入人的皮肤里，吸食人的血液。它咬人后，会使皮肤红肿，如果伤口不及时处理，容易引发感染。江河湖海遇险时，当你在水中、沼泽地附近活动时，蚂蟥就会悄悄地吸附在你的皮肤上。没有经验的人会感到很恐慌，出现手忙脚乱，甚至意识失去控制，发生意外。

（2）保持镇静，正确处置。看到蚂蟥在自己的腿上时，不要紧张，更不要慌张，以免造成溺水。正确的方法是，不能用力拽，会适得其反。如果身边有松树皮、野蒿子叶、槐树叶、核桃叶、清凉油、肥皂、烟油、辣椒或者是尿液，可以涂抹在蚂蟥吸盘周围，不一会儿蚂蟥因刺激收缩、扩张吸盘，自己就掉下来了。

（3）预防为主。在蚂蟥较多的水域中活动时，可把防蚊虫香精、花露水、清凉油涂抹在袖口、裤口、鞋面上，每隔2小时重抹一次，可有效地防止蚂蟥叮咬。另外，在进入水中要穿防护鞋、防护衣裤，腿口要扎紧，能起到很好的防护效果。

（4）认真处理伤口。被蚂蟥咬了以后，千万不要认为是小伤口就不处理，这样很可能会导致伤口化脓、感染，甚至会危及生命。因为，蚂蟥长期隐蔽在水底的污泥里，污泥很脏，身上带有很多的微生物、病菌，如果不及时处理伤口，病菌、微生物就会通过伤口进入人体血液，导致人生病。

遇险提示

被蚂蟥叮咬以后，不要紧张，保持平稳心态，勇敢地把蚂蟥“赶走”，及时处理好伤口就安全了。

后记

本书的完成，得到了中国经济出版社领导的大力支持和鼓励，得到了责任编辑陈瑞的具体指导和帮助，得益于出版社负责校对的老师们的精细润笔。特此向以上编辑、老师们表示衷心感谢。

为了使人们具备户外遇险时的生存能力，冷静地面对各种危害，作者根据野外求生的实践，简单明了地阐述了旅游遇险生存的基本技能与知识，特别是在具体方法与技巧上多用了些笔墨，主要目的是让人们对旅游遇险后的生存技能有一个全面的掌握，关键时候得以运用。

由于作者水平有限，书中尚有欠完善的地方，希望读者批评指教。

李尉晔　唐长钟　刘燕华

2020 年 6 月 16 日于北京